高中数学多媒体课件
设计与制作范例精析

施永新 著

东南大学出版社
·南京·

内 容 提 要

本书共分三篇12章,第一篇"几何画板篇",第二篇"Authorware篇",第三篇"Flash篇",详细介绍了几何画板5.06中文版、Authorware 7.02中文版、Flash CS 5中文版的基本使用方法和制作课件的技能技巧。本书以案例为载体,将软件的基本使用方法贯穿于典型案例之中,以案例学习带动技能技巧的学习,避免了单纯讲解菜单、按钮命令的单调、枯燥。在几何画板篇中一共介绍了24个经典范例,在Authorware篇和Flash篇的最后一章均以一个完整的课件范例为蓝本,详尽介绍了多媒体数学课件设计与制作的过程和经验技巧,使读者能根据本书范例提供的课件框架模板与制作技巧,快速掌握高中数学多媒体课件的制作方法。

本书内容丰富,图文并茂,结构清晰,讲解细致,具有系统、全面和实用的特点,不仅可以作为在职教师学习课件制作的自学用书,同时也可以作为教师继续教育的培训用书和师范类大专院校及相关领域培训班学生的教材。

图书在版编目(CIP)数据

高中数学多媒体课件设计与制作范例精析 / 施永新著.
—南京:东南大学出版社,2014.11
　　ISBN 978-7-5641-5298-7

Ⅰ.①高… Ⅱ.①施… Ⅲ.①中学数学课-多媒体课件-制作-高中 Ⅳ.①G633.602

中国版本图书馆CIP数据核字(2014)第249232号

高中数学多媒体课件设计与制作范例精析

出版发行:东南大学出版社
社　　址:南京市四牌楼2号　邮编:210096
出 版 人:江建中
责任编辑:史建农
网　　址:http://www.seupress.com
电子邮箱:press@seupress.com
经　　销:全国各地新华书店
印　　刷:南京京新印刷厂
开　　本:787mm×1092mm　1/16
印　　张:11.25
字　　数:288千字
版　　次:2014年11月第1版
印　　次:2014年11月第1次印刷
书　　号:ISBN 978-7-5641-5298-7
定　　价:32.00元(含光盘)

本社图书若有印装质量问题,请直接与营销部联系。电话:025-83791830

序

信息技术的使用已经渗透到人类活动的方方面面,随着信息技术的广泛应用,"教育信息技术化"已成为各国教育发展的必然趋势。我国的数学教育也对信息技术的使用表现出极大的关注,新版义务教育数学课程标准中关于信息技术的提及率高达6.34%,甚至高于美、英、法等国家。

1998年,美国学者Wenglinsky通过量化研究发现,教师使用计算机教授高级思维内容时能显著提高学生的学业成绩。我们对"数学教师使用信息技术对学生学业成绩的影响"展开为期两年的跟踪调查研究,进一步得出:信息技术环境下教师的数学教学知识(TPACK)对学生学业成绩影响显著,而且对学生几何成绩的影响要超过对代数成绩的影响;教师信息技术环境下的数学教学知识对学生课外补习影响力的抑制作用也十分显著,说明具备较好的信息技术与数学教学整合能力的教师能够充分发挥学校课堂教学的作用。

而今,许多教师也更愿意在课堂教学中使用信息技术。因此,现在的问题已不再是教师该不该使用信息技术,而是如何有效地使用信息技术,如何更好地将各种教育技术融入数学教学之中。可惜的是,虽然我国在一定程度上有着"以教师为中心"的传统教育思想,却并没能对"教师在整合信息技术于学科教学中的重要作用"和教师结合学科教学内容的信息技术掌握水平给予足够的关注。教师的信息技术培训和考查也缺乏教学技能和学科知识的针对性,忽视了"信息技术教育化"。早在1996年,教育部全国中小学计算机教育研究中心推广"几何画板"软件,以几何画板软件为教学平台,开始组织"CAI在数学课堂中的应用"研究课题。1998年,全国中小学计算机教育研究中心的有关研究人员借鉴西方发达国家的提法,提出了"课程整合"的概念。2003年,教育部制定的《普通高中数学课程标准(实验)》中要求:"应重视信息技术与数学课程内容的有机整合,整合的原则是有利于对数学本质的认识。""应重视利用信息技术来呈现以往课堂教学中难以呈现的课程内容。"但时至今日,在实践层面如何真正将信息技术有效地与数学课程整合尚有许多问题有待研究。

虽然随着信息技术的飞速发展,各个学校电化教育的硬件设备已日臻完备,但如何恰当地选择技术,并根据数学教学内容进行教学设计,以及教师自身的因素在很大程度上影响了技术使用的效能。教师的多媒体课件的制作水平已成为影响信息技术与数学课程整合的关键因素。从一线中学教师多媒体数学课件制作的调查情况来看,由于时间、精力、缺少合适的培训教材等多种原因,总体水平偏低,大多数教师只会PowerPoint、Word、Excel等办公软件的使用,与信息技术和数学课程整合的要求尚有较大距离。会用几何画板、Authorware、Flash等软件制作课件的并不普遍。在需要时往往直接从网上搜寻下载一些现成的PPT课件,而对需要用信息技术突破教学难点的地方,由于能力所限,徒有好的教学设想而不能实现。

　　本书作者自 1996 年起就开始多媒体数学课件的设计与制作研究,制作的多媒体数学课件曾多次在全国师范院校初教系统教师自制教学软件评比中获一等奖,积累了丰富的制作多媒体数学课件的技能技巧。本书详尽讲解了广大数学教师常用的三种多媒体课件制作软件,分几何画板篇、Authorware 篇、Flash 篇,以具体案例为载体,由浅入深,循序渐进,手把手地教你制作多媒体数学课件,这种"案例驱动法"教学,使读者在学习时兴趣浓、见效快。另外,本书与其他多媒体课件制作书籍相比最大的特点是在 Authorware 篇和 Flash 篇中,均以一个获全国一等奖的课件为蓝本,详尽剖析了整个课件的制作流程和制作技巧,提供了通用性强的课件框架模板,使读者通过范例的学习能快速了解掌握用 Authorware 或 Flash 制作一个完整多媒体数学课件的方法。

　　本书随书光盘包含了所有实例的源程序并收集了作者在教学实践中积累的多媒体数学课件,多媒体课件的内容涵盖了高中代数、解析几何、立体几何中的主要教学难点。读者不仅可以将这些课件直接用于教学,也可以以这些课件的框架为模板,制作出富有个性特色的多媒体数学课件。

　　综上所述,本书可以作为广大数学教师制作多媒体数学课件的自学用书,也可以作为广大师范院校数学系开设计算机辅助教学课的参考用书。相信本书的出版,将为提升广大数学教师的多媒体课件制作水平提供有益的帮助。

教育部基础教育专家工作委员会委员

全国数学教育研究会理事长

中国数学会基础教育委员会副主任

北京师范大学数学科学学院教授、博士生导师

前　　言

早在 2001 年,教育部颁布的《基础教育课程改革纲要(试行)》就提出:"大力推进信息技术在教学过程中的普遍应用,促进信息技术与学科课程的整合"。随着信息技术的迅猛发展,注重信息技术与数学课程的整合,提倡利用信息技术来呈现以往教学中难以呈现的课程内容,已成为数学教学的基本理念。信息技术提供了理解、探索数学的平台,把数学变得容易理解,使得数学走向生活,走向现实,更加情境化。借助多媒体课件,可以创设逼真的数学学习情境,构建概念性质,推导证明定理,探究发现结论,启迪解题思路,诠释抽象定义,借此提高数学课堂的教学效率与教学质量。随着现代科技的发展,各个学校电化教育方面的硬件设备已逐步完善,但教师制作课件的能力却成为制约信息技术与数学课程整合的一大瓶颈。由于市场同类课件制作的书籍中鲜有完整数学课件的制作介绍,所以许多教师虽然掌握了一种制作课件的工具软件,但对如何制作一个完整的、交互性强的课件仍不得要领。本书所有范例是作者长期从事多媒体数学课件设计与制作的研究成果,其中 Authorware 篇和 Flash 篇中的综合范例是全国课件比赛一等奖的作品。所有范例的制作集专业性、艺术性、实用性于一身,非常适合广大教师学习使用,并可直接用以教学,或以这些课件范例为模板制作出更多更实用的课件。

由于作者长期从事多媒体数学课件的设计与制作研究,并在一线教学中一直致力于信息技术与数学课程的整合,积累了丰富的课件制作经验与技能、技巧,现将其整理成书奉献给大家,以便抛砖引玉,使广大教师在课件制作上少走弯路,快速提高。

本书的特点

■ 与时俱进,推陈出新

本书中讲解的三种课件制作软件:几何画板 5.06 中文版、Authorware 7.02 中文版、Flahs CS 5 中文版都是目前最新或较新的版本,其中 Flsash CS 5 中使用的编程语言是 ActionScript 3.0。

■ 重点突出,详略得当

本书主要介绍应用三个工具软件进行课件制作,所以在对软件使用讲解中,没有面面俱到,如在 Authorware 7.02 编程中讲解了一些必要的、常用的系统变量,函数和知识对象;对 ActionScript 3.0 语言重点讲解了与课件制作密切相关的内容。

■ 循序渐进,结构严谨

考虑到读者的知识基础,本书先用相对简单的实例,对几何画板 5.06 中文版、Authorware 7.02 中文版和 Flash CS 5 中文版的基本使用方法进行介绍,每节内容都结合实例进行手把手式的讲解。最后用若干个完整的课件实例讲解课件的设计思路与制作流程,无论是课件制作新手还是已有基础的读者都能从本书获益。

■ 实例丰富，讲解详尽

　　学习多媒体课件制作的最好方法是"案例驱动法"，这样针对性强，使学习者在案例制作的过程中，学会软件的使用方法，并能举一反三、融会贯通。案例的制作步骤详尽、细致，综合课件的框架设计模板通用性强，可直接移植他用。克服了以往许多教师即使学会了课件制作软件的基本方法和一些简单的实例，但对如何制作一个完整课件仍茫无头绪的现象。

本书的内容

　　本书共分三篇12章，分别讲解了几何画板5.06中文版、Authorware 7.02中文版、Flash CS 5中文版的基本使用方法以及制作数学课件的技能、技巧，书中提供的大量实例，图文并茂，经典实用，操作步骤清晰连贯，涵盖了用以上三种工具软件制作数学课件的主要内容，具有举一反三的功效。相信读者研读本书后，可以在较短的时间里，轻松掌握多媒体数学课件的设计与制作方法，成为一名真正的课件制作高手。

　　本书配套光盘中包括了全部案例的源文件和相关素材。

　　本书的出版终于可以将自己多年用几何画板、Authorware、Flash制作课件的一点点经验与大家分享，但愿能为大家提供一点帮助。由于时间仓促，作者水平有限，若有错漏之处，恳请广大读者批评指正。

施永新
2014年10月于南通

目 录

第一篇 几何画板篇

第1章 几何画板5.06中文版的基本操作 ⋯⋯⋯⋯⋯⋯⋯⋯⋯⋯⋯⋯⋯⋯⋯⋯⋯ 1
1.1 几何画板5.06中文版的启动与界面介绍 ⋯⋯⋯⋯⋯⋯⋯⋯⋯⋯⋯⋯⋯ 1
1.2 构造点、线段、直线、射线与线段的中点 ⋯⋯⋯⋯⋯⋯⋯⋯⋯⋯⋯⋯ 2
1.3 构造垂线、角平分线、圆,隐藏对象 ⋯⋯⋯⋯⋯⋯⋯⋯⋯⋯⋯⋯⋯⋯⋯ 3
1.4 定义坐标系,构造平行线、圆上的点、点的轨迹 ⋯⋯⋯⋯⋯⋯⋯⋯⋯ 3
1.5 旋转,缩放,平移 ⋯⋯⋯⋯⋯⋯⋯⋯⋯⋯⋯⋯⋯⋯⋯⋯⋯⋯⋯⋯⋯⋯⋯ 4
1.6 构造圆上的一段弧,图形内部,角标记的标签,度量角度、弧长、面积 ⋯⋯ 5
1.7 度量长度与计算 ⋯⋯⋯⋯⋯⋯⋯⋯⋯⋯⋯⋯⋯⋯⋯⋯⋯⋯⋯⋯⋯⋯⋯ 6
1.8 绘制点,绘制新函数,反射变换 ⋯⋯⋯⋯⋯⋯⋯⋯⋯⋯⋯⋯⋯⋯⋯⋯ 8
1.9 用对称法作椭圆的切线 ⋯⋯⋯⋯⋯⋯⋯⋯⋯⋯⋯⋯⋯⋯⋯⋯⋯⋯⋯ 9
1.10 定义导函数,度量横坐标、纵坐标,隐藏/显示按钮 ⋯⋯⋯⋯⋯⋯⋯⋯ 9
1.11 新建参数,新建函数,构造轨迹 ⋯⋯⋯⋯⋯⋯⋯⋯⋯⋯⋯⋯⋯⋯⋯ 10
1.12 应用符号函数画分段函数的图象 ⋯⋯⋯⋯⋯⋯⋯⋯⋯⋯⋯⋯⋯⋯ 11
1.13 动画,追踪线段,擦除追踪踪迹 ⋯⋯⋯⋯⋯⋯⋯⋯⋯⋯⋯⋯⋯⋯⋯ 12
1.14 平移 ⋯⋯⋯⋯⋯⋯⋯⋯⋯⋯⋯⋯⋯⋯⋯⋯⋯⋯⋯⋯⋯⋯⋯⋯⋯⋯ 14
1.15 迭代 ⋯⋯⋯⋯⋯⋯⋯⋯⋯⋯⋯⋯⋯⋯⋯⋯⋯⋯⋯⋯⋯⋯⋯⋯⋯⋯ 15
1.16 深度迭代 ⋯⋯⋯⋯⋯⋯⋯⋯⋯⋯⋯⋯⋯⋯⋯⋯⋯⋯⋯⋯⋯⋯⋯⋯ 16
1.17 曲边梯形的 n 等份分割 ⋯⋯⋯⋯⋯⋯⋯⋯⋯⋯⋯⋯⋯⋯⋯⋯⋯⋯ 17
1.18 裁剪图片到多边形 ⋯⋯⋯⋯⋯⋯⋯⋯⋯⋯⋯⋯⋯⋯⋯⋯⋯⋯⋯⋯ 18

第2章 几何画板课件范例 ⋯⋯⋯⋯⋯⋯⋯⋯⋯⋯⋯⋯⋯⋯⋯⋯⋯⋯⋯⋯⋯ 19
2.1 动态演示平面截圆锥面所得的截线 ⋯⋯⋯⋯⋯⋯⋯⋯⋯⋯⋯⋯⋯ 19
2.2 椭圆的定义 ⋯⋯⋯⋯⋯⋯⋯⋯⋯⋯⋯⋯⋯⋯⋯⋯⋯⋯⋯⋯⋯⋯⋯ 21
2.3 双曲线的定义 ⋯⋯⋯⋯⋯⋯⋯⋯⋯⋯⋯⋯⋯⋯⋯⋯⋯⋯⋯⋯⋯⋯ 22
2.4 抛物线的定义 ⋯⋯⋯⋯⋯⋯⋯⋯⋯⋯⋯⋯⋯⋯⋯⋯⋯⋯⋯⋯⋯⋯ 23
2.5 圆锥曲线的统一定义 ⋯⋯⋯⋯⋯⋯⋯⋯⋯⋯⋯⋯⋯⋯⋯⋯⋯⋯⋯ 24
2.6 棱数与虚实线动态变化的棱柱、棱锥、棱台 ⋯⋯⋯⋯⋯⋯⋯⋯⋯⋯ 27
2.7 正弦函数、余弦函数的图象 ⋯⋯⋯⋯⋯⋯⋯⋯⋯⋯⋯⋯⋯⋯⋯⋯ 29
2.8 正弦函数的图象变换 ⋯⋯⋯⋯⋯⋯⋯⋯⋯⋯⋯⋯⋯⋯⋯⋯⋯⋯⋯ 32

第二篇　Authorware 篇

第3章　Authorware 7.02 中文版的基本操作 ······ 37
- 3.1　Authorware 7.02 中文版的启动与界面介绍 ······ 37
- 3.2　设置文件属性、显示图标、声音图标 ······ 39
- 3.3　群组图标，按钮响应 ······ 41
- 3.4　计算图标、等待图标、擦除图标、热对象响应 ······ 43
- 3.5　热区域响应、菜单响应 ······ 45
- 3.6　框架图标、导航图标 ······ 46
- 3.7　目标区响应 ······ 48
- 3.8　文本输入响应、重试限制响应、时间限制响应 ······ 50
- 3.9　按键响应、条件响应、移动图标 ······ 51
- 3.10　判断图标 ······ 53
- 3.11　数字电影图标、插入 Flash 动画 ······ 56

第4章　Authorware 7.02 中文版的编程基础 ······ 58
- 4.1　运算符与编程语句 ······ 58
- 4.2　常用的系统函数 ······ 61
- 4.3　常用的系统变量 ······ 66

第5章　Authorware 课件范例《球的表面积》 ······ 72
- 5.1　课件脚本设计 ······ 72
- 5.2　课件素材准备 ······ 73
- 5.3　课件界面设计 ······ 73
- 5.4　程序框架设计 ······ 75
- 5.5　初始化变量的设置 ······ 76
- 5.6　课件片头的设置 ······ 76
- 5.7　导航按钮的设置 ······ 76
- 5.8　教学模块的设置 ······ 77
- 5.9　功能按钮的设置 ······ 79
- 5.10　课件片尾的设置 ······ 80
- 5.11　打包与运行的设置 ······ 81

第三篇　Flash 篇

第6章　Flash CS 5 中文版的基本操作 ······ 82
- 6.1　Flash CS 5 的启动与界面介绍 ······ 82
- 6.2　逐帧动画制作 ······ 83
- 6.3　运动补间动画制作 ······ 84
- 6.4　变形补间动画制作 ······ 87
- 6.5　遮罩动画制作 ······ 89
- 6.6　运动路径动画制作 ······ 92

第 7 章　ActionScript 3.0 语言基础 … 94
- 7.1　面向对象编程概述 … 94
- 7.2　ActionScript 3.0 代码的基本规范 … 95
- 7.3　常量与变量 … 95
- 7.4　基础数据类型 … 96
- 7.5　运算符与表达式 … 97
- 7.6　条件语句 … 98
- 7.7　循环语句 … 99
- 7.8　函数 … 100

第 8 章　影片剪辑与事件处理 … 101
- 8.1　影片剪辑的常用属性 … 101
- 8.2　动态加载并控制库中的影片剪辑 … 101
- 8.3　影片剪辑的常用方法 … 107
- 8.4　事件侦听器 … 108
- 8.5　创建事件侦听器 … 108
- 8.6　管理事件侦听器 … 108
- 8.7　事件处理类型 … 108
- 8.8　选择题模板的制作 … 111

第 9 章　数学、绘图与时间处理 … 117
- 9.1　数学函数 … 117
- 9.2　绘制直线与曲线 … 117
- 9.3　Rectangle 类 … 118
- 9.4　动态画椭圆 … 118
- 9.5　输入参数画 $y = A\sin(\omega x + \varphi)$ 的图象 … 123
- 9.6　创建日期和时间 … 125
- 9.7　常用的 Date 对象的属性 … 126
- 9.8　常用的 Date 对象的方法 … 126
- 9.9　电子时钟的制作 … 126

第 10 章　图像、声音与视频处理 … 129
- 10.1　加载外部图像文件与外部 SWF 影片 … 129
- 10.2　加载外部声音 … 130
- 10.3　嵌入声音 … 131
- 10.4　加载视频 … 133

第 11 章　数组、字符串与文本处理 … 134
- 11.1　创建和访问数组 … 134
- 11.2　在数组中新增元素 … 134
- 11.3　删除数组中的元素 … 135
- 11.4　对数组进行排序 … 136
- 11.5　在数组中查找元素 … 138

11.6 从数组中获取元素	138
11.7 复制数组	139
11.8 数组转换为字符串	139
11.9 创建字符串	140
11.10 字符串连接	140
11.11 搜索字符串	141
11.12 删除或者替换字符串	141
11.13 截取字符串	142
11.14 大小写转换	142
11.15 实例—— 幸运抽奖	143
11.16 显示动态文本	145
11.17 显示输入文本	145
11.18 文本对象的基本设置	145
11.19 TextFormat 格式化属性	146
11.20 setTextFormat()方法介绍	146
11.21 过滤输入文本	147
11.22 实例—— 文字鼠标跟随	148

第 12 章 Flash 课件范例函数 $y = A\sin(\omega x + \varphi)$ 的图象 ···············150

12.1 课件脚本设计	150
12.2 课件影片剪辑的制作	152
12.3 课件界面的设计	152
12.4 时间轴总体设计	154
12.5 初始化变量的设置	155
12.6 课件片头的制作	155
12.7 开始菜单的制作	156
12.8 导航菜单的制作	160
12.9 功能按钮的制作	161
12.10 教学界面电子时钟的制作	165
12.11 教学模块的制作	165
12.12 课件片尾的制作	169
12.13 打包成 exe 文件	170

第一篇　几何画板篇

几何画板软件是由美国 Key Curriculum Press 公司制作并出版的几何软件,被称为 21 世纪的动态几何。几何画板是一个适用于几何和函数作图的教学软件平台,它为教师和学生提供了一个探索几何图形内在关系的环境,其最大的特色是"动态性",可利用几何画板动态作图、计算,构建概念性质;分割拼补图形,推导证明定理;进行数学实验,探究发现结论;进行模拟演示,启迪解题思路;进行深度迭代,诠释抽象定义。几何画板操作方便、功能强大,是"做数学"的虚拟实验室,是培养学生创新能力的优秀认知平台。基于几何画板的数学实验是兼有操作实验和思维实验特点的一种高级思维活动,它既可以是学生借助几何画板的自主学习探索,也可以是教师数学课堂上的实验演示。几何画板不同于 Authorware 和 Flash 等工具软件,教师无须编程,只要用鼠标点取工具箱和菜单就可以快速开发出实用性强的积件或课件,有助于解决传统教学中遇到的困局,弥补传统教学方式的不足之处,帮助学生在变化中寻找不变,发现数学规律,印证数学猜想,诱发直觉思维,揭示数学本质。借此推进新课程理念的实施,提高课堂教学效率与教学质量。

第 1 章　几何画板 5.06 中文版的基本操作

1.1　几何画板 5.06 中文版的启动与界面介绍

安装几何画板 5.06 中文版后,在桌面上双击相应的图标,即可启动几何画板并进入编辑窗口。如图 1-1 所示,上面一排是菜单命令,左边一列是工具箱。下面以一系列的实例为载体,详尽讲解这些菜单和工具按钮的使用方法。

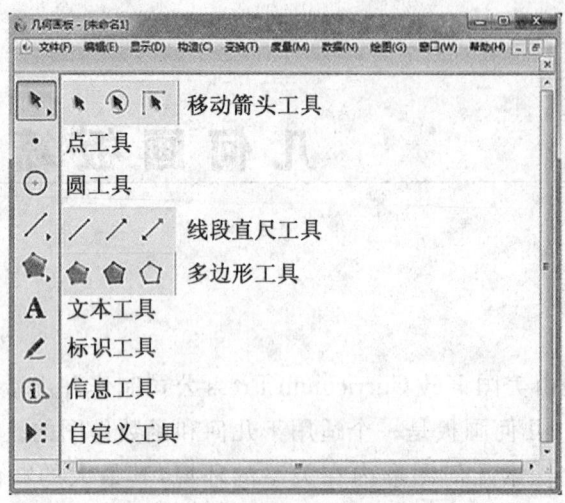

图 1-1　几何画板编辑窗口界面

1.2　构造点、线段、直线、射线与线段的中点

实例 1　画出一个三角形的三条中线与重心。

[制作步骤]

1. 选择【线段直尺工具】中的线段工具，在窗口中单击鼠标，然后按住鼠标拖到另一点，松开鼠标后再按住鼠标拖到另一点，最后拖到与起点重合，松开鼠标即得一个三角形。或选择【点工具】，在窗口中画出三个点，然后用鼠标拖拉框选中三个点或依次选中三个点，再选择菜单【构造】/【线段】即得一个三角形。

2. 选择【文本工具】，鼠标变成手形光标后，在三角形的三个顶点处单击，依次将三个顶点记为 A、B、C，若想修改某个顶点的标签，只需双击鼠标，在弹出的对话框中将顶点标签改为其他字母即可。

3. 选择线段 BC，再选择【构造】/【中点】，并将其标记为 D，同理构造线段 AB、CA 的中点。同时选中 A、D，选【构造】/【线段】，得中线 AD，同理构造中线 BE、CF。三中线的交点 G 即为重心，如图 1-2 所示。

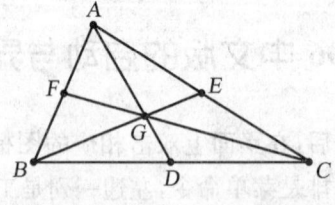

图 1-2　三角形的重心

[相关操作]　若要构造直线或射线，只要选择【线段直尺工具】中的直线或射线工具，在编辑窗口内单击鼠标后拖动即可。若按住"shift"键不放，则可画出水平或铅垂的直线或射线。要选中某个对象，只要用鼠标在此对象上单击即可，再次单击则撤销选择。若要取消

所有选择,只要用鼠标在窗口空白处单击即可。

1.3 构造垂线、角平分线、圆,隐藏对象

实例 2 画一个三角形的外接圆和内切圆。
[制作步骤]

1. 用实例 1 中的方法构造三角形 ABC。

2. 取线段 BC 的中点 D。同时选中 D 和线段 BC,选择【构造】/【垂线】,得线段 BC 的一条垂直平分线。同理取线段 CA 的中点 E,过 E 作线段 CA 的一条垂直平分线,在两条垂直平分线的交点处单击鼠标,将交点标记为 F。

3. 依次选中点 F 和 A,选择【构造】/【以圆心和圆周上的点画圆】,即得三角形 ABC 的外接圆。

4. 选中两条垂直平分线、线段 AF 和点 D、E,选择【显示】/【隐藏对象】,将它们隐藏。

5. 依次选中点 A、B、C,选择【构造】/【角平分线】,得 $\angle ABC$ 的平分线。同理构造 $\angle BCA$ 的平分线。在两条角平分线交点处单击鼠标,得交点 G。同时选中 G 和线段 BC,选择【构造】/【垂线】,垂线与线段 BC 交于 H。同时选中点 G 和线段 GH,选择【构造】/【以圆心和半径画圆】,即得三角形 ABC 的内切圆。

6. 选中两条角平分线、线段 GH 和点 H,选择【显示】/【隐藏对象】,将它们隐藏(图 1-3)。

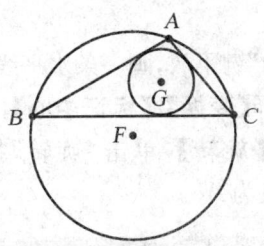

图 1-3 三角形的外接圆与内切圆

[相关操作] 将点、线段、直线、圆等对象隐藏后,选择【编辑】/【撤销隐藏对象】即可恢复。若要恢复所有隐藏的对象,可选择【显示】/【显示所有隐藏】。

1.4 定义坐标系,构造平行线、圆上的点、点的轨迹

实例 3 利用同心圆法构造椭圆。
[制作步骤]

1. 选择【绘图】/【定义坐标系】,建立一个直角坐标系。

2. 选取【圆工具】,将圆心放置在原点后,鼠标向外拖拉得一个大圆。应用【圆工具】再画一个圆心在原点的小圆。

3. 选中大圆,选择【构造】/【圆上的点】,得大圆上的点 A,连接原点与点 A,与小圆交于点 B。

4. 同时选中点 B 与 x 轴,选择【构造】/【平行线】。同时选中点 A 与 x 轴,选择【构造】/【垂线】。所作平行线与垂线相交于点 C。

5. 依次选中点 A、点 C,选择【构造】/【轨迹】,即得椭圆的轨迹,如图 1-4。最后将无关的对象隐藏。

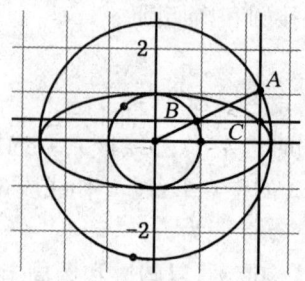

图 1-4 同心圆法画椭圆

[相关操作] 若要构造点、线段、直线、圆等对象上的点,除用菜单命令外,也可选择【点工具】,直接在目标对象上作点。

1.5 旋转,缩放,平移

实例 4 画一个正方体的直观图。

[制作步骤]

1. 选择【线段】工具,按住"shift"键不放,画一条水平线段,并将其端点分别标记为 A、B。

2. 双击点 A 或选中点 A,选择【变换】/【标记中心】,将点 A 标记为旋转中心。依次选中线段 AB 和点 B,选择【变换】/【旋转】,单击"旋转"按钮得逆时针旋转 90° 后的线段 AB'(图 1-5),并将点 B' 的标签改为 A'。

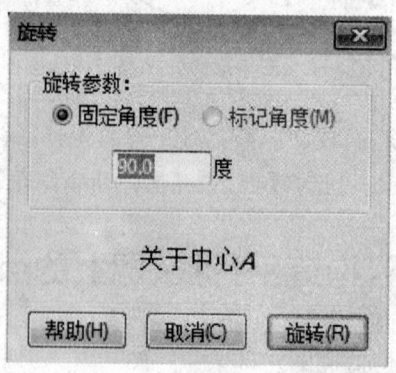

图 1-5 旋转对话框

同理,将线段 AB 和点 B 逆时针旋转 45°。选中旋转后的线段 AB' 和点 B',选择【变换】/【缩放】,设置缩放比例为 1:2(图 1-6),单击"缩放"按钮,得线段 AB 的中点 B'',并将点 B'' 的标签改为 D。隐藏线段 AB' 和点 B'。

3. 依次选中端点 A、B,选择【变换】/【标记向量】。同时选中点 D 和线段 AD,选择【变换】/【平移】,得平移后的线段 BD',并将 D' 点的标签改为 C。

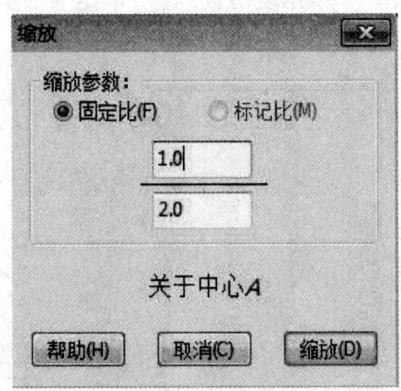

图 1-6 缩放对话框

4. 依次选中端点 A、A'，标记向量 AA'。拖拉鼠标框选线段 AB、BC、CD、DA 和点 B、C、D，选择【变换】/【平移】，并将点 B、C、D 平移后的对应点标签改为 B'、C'、D'。分别构造线段 BB'、CC'、DD'。选中线段 AD、CD、DD'，选择【显示】/【线型】/【虚线】，将它们都改为虚线，即得正方体 $ABCD-A'B'C'D'$（图 1-7）。

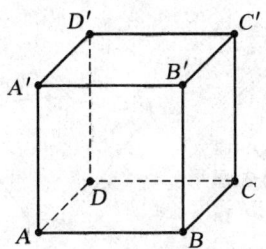

图 1-7 正方体直观图

［相关操作］ 若要改变点、线段、直线、圆等对象的颜色，可先选中对象，再选择【显示】/【颜色】，在弹出的调色板中选择颜色。

1.6 构造圆上的一段弧，图形内部，角标记的标签，度量角度、弧长、面积

实例 5 画一个扇形，并给圆心角画上逆时针旋转的角标记标签。分别度量圆心角的弧度数、弧长和扇形的面积。

［制作步骤］

1. 选择【圆工具】，在窗口内画一个圆。选择【点工具】，在圆周上构造三个点，分别将其标记为 A、B、C，并移动使其按逆时针排列顺序为 A、C、B。

2. 依次选取 A、C、B 三点，选择【构造】/【圆上的弧】，得圆弧 ACB，将圆心标记为 O，构造线段 AO、BO。

3. 选择【标记工具】，由圆心角顶点 O 向角内部拖拉，即可得一个角标记的标签。单击移动箭头工具，选中角标记的标签，选择【显示】/【角标记的标签】，在标签输入框中输入：

{alpha}，角定义选逆时针，勾选"显示角度方向"，按"确定"按钮（图1-8）。

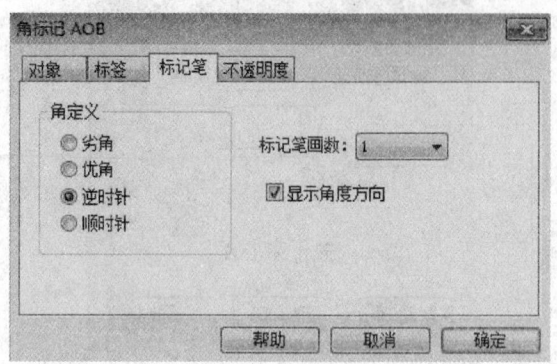

图1-8　角标记对话框

4. 将圆隐藏，选中弧ACB，选择【构造】/【弧内部】/【扇形内部】，扇形内部被颜色填充。选中扇形内部，选中【显示】/【颜色】，将颜色改为黄色，选择【度量】/【面积】，选择文本工具，在面积度量值上双击，将其标签改为S。选中弧ACB，选择【度量】/【弧长】，并将其度量值标签改为L。选中角标记标签，选择【度量】/【角度】，选择【编辑】/【参数选项】，将角度单位改为弧度（图1-9）。

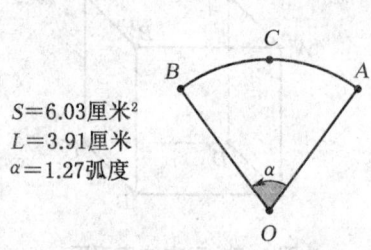

图1-9　扇形的制作与度量

［相关操作］　在对象标签的编辑框中，若要输入β、γ、θ、φ、π等希腊字母，可在编辑框中输入{beta}、{gamma}、{theta}、{phi}、{pi}（含花括号），几何画板会自动转化为相应的字母。上下标输入方法是：在对象标签编辑框中输入F[2]，则显示F_2；输入F{^2}，则显示F^2。注意，上标的数字只能是1、2、3中的一个，其余请参考软件的使用手册。

1.7　度量长度与计算

实例6　用几何画板验证正弦定理$\dfrac{a}{\sin A}=\dfrac{b}{\sin B}=\dfrac{c}{\sin C}=2R$。

［制作步骤］

1. 用实例2中的方法构造三角形ABC的外接圆，并将圆心标记为O，构造半径OA。
2. 选择【文本工具】，在BC边上双击，将其标签改为a，用同样方法将边CA、AB和半径OA的标签分别改为b、c、R。选中边a，选择【度量】/【长度】，得边a的度量值。用同样方法得边b、c和半径R的度量值。

3. 依次选中 B、A、C,选择【度量】/【角度】,得 $\angle BAC$ 的度量值,并将其标签改为 A。用同样方法得 $\angle ABC$ 和 $\angle BCA$ 的度量值,并将其标签分别改为 B、C。

4. 选择【数据】/【计算】,弹出新建计算对话框,选择边 a 的度量值,选中除号,在函数下拉列表框中选中 sin,再选中角 A 的度量值,得 $\dfrac{a}{\sin A}$ 的值。同理,得 $\dfrac{b}{\sin B}$ 与 $\dfrac{c}{\sin C}$ 的值。在"新建计算"对话框(图1-10)中,选中数字2,选中乘号,选中半径 R 的度量值,得 $2R$ 的数值(图1-11)。

图1-10 新建计算面板

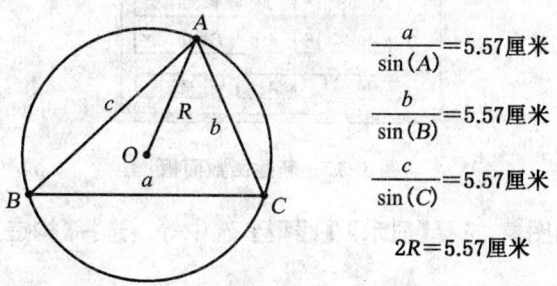

图1-11 验证正弦定理

5. 将三角形边长、角度和半径的度量值隐藏,随意拖动三角形的某个顶点,三角形形状不断变化,但始终有 $\dfrac{a}{\sin A}=\dfrac{b}{\sin B}=\dfrac{c}{\sin C}=2R$。

[**相关操作**] 若要计算 π^2 或 e^2 的值,先选择计算面板数值下拉框中的 π 或 e,再选择乘方"^"即可。计算一个角的正弦、余弦、正切值时,当选择好三角函数后,若角的单位是弧度,应先在单位下拉列表框中选择弧度,再单击面板上的数字,输入角的数值。函数下拉框中的 log( ) 是常用对数,若要计算 $\log_5 3$,可用换底公式,计算 $\dfrac{\lg(3)}{\lg(5)}$。

1.8 绘制点,绘制新函数,反射变换

实例7 演示指数函数 $y=a^x$ 与对数函数 $y=\log_a x(a>0$ 且 $a\neq 1)$ 图象间的关系。

[制作步骤]

1. 选择画直线工具,按住"shift"键不放,画一条水平直线。

2. 将构造直线的两个点隐藏,选择【点工具】,在直线上任意两点单击,得新的两点,并将右边的点标记为 A。由此两点构造线段,同时将直线隐藏。

3. 度量线段长度,选择【数据】/【计算】。选择线段的度量值,选择除号,选择数字1,单位选厘米,将计算结果的标签改为 a。

4. 选择【绘图】/【定义坐标系】,然后选择【绘图】/【绘制新函数】,选择标签 a 的计算值,再选择乘方"^",再选择 x,单击"确定"即得函数 $y=a^x(a>0$ 且 $a\neq 1)$ 的图象(图1-12)。

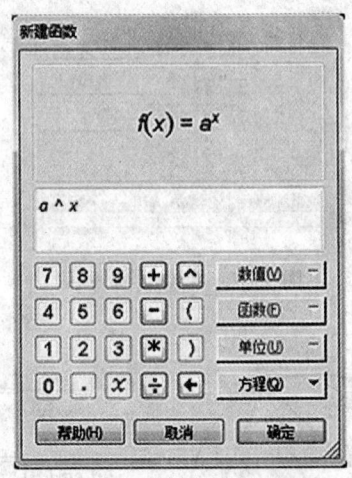

图1-12 新建函数面板

5. 选中 $y=a^x$ 的图象,选择【显示】/【线型】,选中等。选择【构造】/【函数图象上的点】,将得到的点标记为 M。

6. 选择【绘图】/【绘制点】,取默认值,绘制出点(1,1),构造过原点的直线 $y=x$。双击直线 $y=x$,将其标记为镜面。选中点 M,选择【变换】/【反射】,得点 M'。

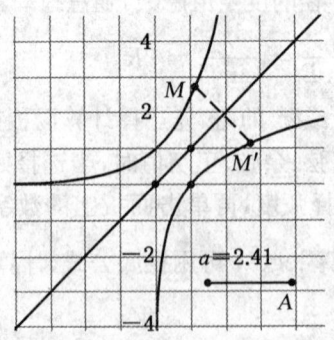

图1-13 指数函数与对数函数的关系

7. 依次选中点 M 和 M'，选择【构造】/【轨迹】，即得 $y=\log_a x$ 的图象。构造线段 MM'，并将线型设为虚线。隐藏一些函数与度量值，拖动 A 点改变 a 的值，指数函数 $y=a^x$ 的图象与对数函数 $y=\log_a x$ 的图象始终关于直线 $y=x$ 对称。

[相关操作] 若要绘制极坐标方程 $r=2\theta$ 的图象，选择【绘图】/【定义坐标系】，然后单击鼠标右键，在弹出的菜单中选择【极坐标网格】，再选择【绘图】/【绘制新函数】，依次单击面板中的数字 2 和 θ，单击"确定"即可。

1.9 用对称法作椭圆的切线

实例 8 过点 $P(3,5)$ 作椭圆 $\dfrac{x^2}{16}+\dfrac{y^2}{4}=1$ 的切线。

[制作步骤]

1. 选择【绘图】/【定义坐标系】，选择【绘图】/【绘制新函数】，输入 $(1\div 2)*\mathrm{sqrt}(16-x\wedge 2)$，单击"确定"按钮得函数 $f(x)=\dfrac{1}{2}\sqrt{16-x^2}$ 的图象，用同样方法再绘制 $g(x)=-\dfrac{1}{2}\sqrt{16-x^2}$ 的图象。

2. 选择【绘图】/【绘制点】，分别绘制点 $M(3,0)$、$B(2,0)$、$N(0,5)$、$A(0,4)$。

3. 构造线段 AM，选中点 A 和线段 AM，选择【构造】/【垂线】，垂线与 x 轴的交点为 D。双击 y 轴，选中点 D，选择【变换】/【反射】，得点 D'。

4. 构造线段 BN，选中点 B 和线段 BN，选择【构造】/【垂线】，垂线与 y 轴的交点为 E。双击 x 轴，选中点 E，选择【变换】/【反射】，得点 E'。

5. 构造直线 $D'E'$，交椭圆于 R,S 两点。构造射线 PR、PS，即为所作椭圆的两条切线（图 1-14）。隐藏函数和其他无关的点与直线。

[相关操作] 过点 $P(x_0,y_0)$ 作椭圆 $\dfrac{x^2}{a^2}+\dfrac{y^2}{b^2}=1$ 的切线，对应的四点为 $M(x_0,0)$，$B(b,0)$，$N(0,y_0)$，$A(0,a)$。用类似的方法可作双曲线、抛物线的切线。

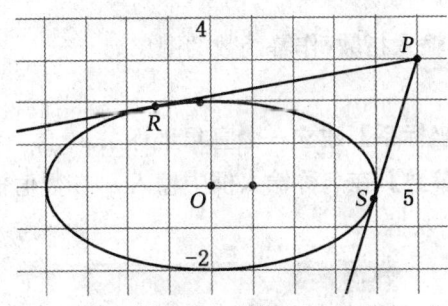

图 1-14 作椭圆的切线

1.10 定义导函数，度量横坐标、纵坐标，隐藏/显示按钮

实例 9 作出函数 $f(x)=x^3-2x^2+1$ 及其导函数的图象。

[制作步骤]

1. 选择【绘图】/【定义坐标系】,再选择【绘图】/【隐藏网格】。选择【绘图】/【绘制新函数】,在新建函数输入框中输入 x^3-2x^2+1,单击"确定"按钮得 $f(x)=x^3-2x^2+1$ 的图象,将其线型粗细设为中等。

2. 选中函数 $f(x)=x^3-2x^2+1$ 的标签,选择【数据】/【定义导函数】,得导函数 $f'(x)=3x^2-4x$。在函数 $f(x)$ 的图象上取一点 A,选中点 A,选择【度量】/【横坐标】,得横坐标 x_A 的值;再选择【度量】/【纵坐标】,得纵坐标 y_A 的值。

3. 选择【数据】/【计算】,先选中 $f'(x)=3x^2-4x$,再选中横坐标 x_A 的值,得 $f'(x_A)$ 的值。选择【绘图】/【绘制新函数】,在弹出的新函数对话框中,输入 $f'(x_A)(x-x_A)+y_A$,得函数 $g(x)=f'(x_A)(x-x_A)+y_A$ 的图象,即函数 $f(x)$ 在点 (x_A,y_A) 处的切线(图1-15)。

4. 用鼠标框选窗口中点的坐标的度量值和函数标签,选择【编辑】/【操作类按钮】/【隐藏/显示】,窗口中出现"隐藏文本对象"按钮。这是一个开关按钮,单击一次隐藏,再单击一次显示。

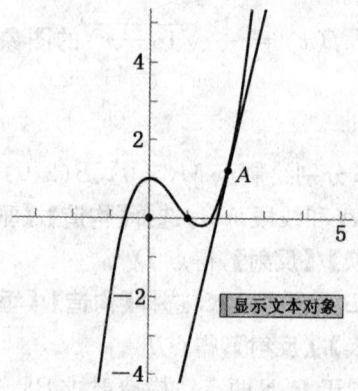

图1-15 作函数的图象及其切线

1.11 新建参数,新建函数,构造轨迹

实例10 由键盘任意输入指数,作幂函数的图象。

[制作步骤]

1. 选择【绘图】/【定义坐标系】,建立一个直角坐标系。

2. 选择【数据】/【新建参数】,在名称输入框中输入 n,在数值输入框中输入2(图1-16),窗口中得到一个变量 n 的输入框。

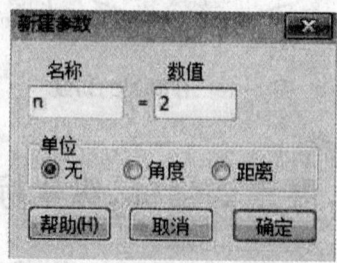

图1-16 新建参数对话框

3. 选中 x 轴，选择【构造】/【构造轴上的点】，得在 x 轴上的点 A。

4. 选中点 A，选择【度量】/【横坐标】，得点 A 的横坐标值 x_A。选择【数据】/【计算】，先选中点 A 横坐标 x_A 的度量值，再在计算面板上选乘方"^"，选中变量 n 的输入框标签，得 x_A^n 的值。

5. 依次选中 x_A、x_A^n 的度量值，选择【绘图】/【绘制点(x,y)】，得点 $B(x_A, x_A^n)$。依次选中点 A、点 B，选择【构造】/【构造轨迹】，即得函数 $y=x^2$ 的图象。

6. 在指数 n 的输入框中，任意输入一个值，按"回车"后即可画出对应的幂函数的图象（图 1-17）。将 x_A、x_A^n 的度量值隐藏，保存文件。

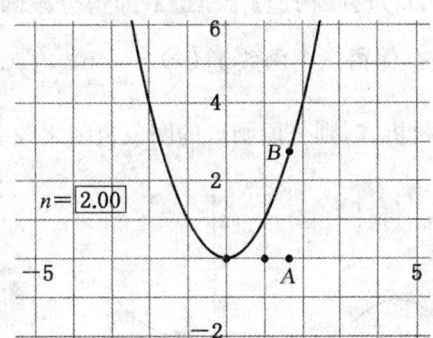

图 1-17 通过键盘任意输入指数，作幂函数图象

1.12 应用符号函数画分段函数的图象

实例 11 作分段函数 $\begin{cases} \sin x & (x<a) \\ \dfrac{x^3}{16} & (a \leqslant x \leqslant b, a \leqslant b) \\ \cos\left(x-\dfrac{\pi}{3}\right) & (x>b) \end{cases}$ 的图象。

［制作步骤］

1. 选择【自定义工具栏】/【07 新新坐标系】/【新坐标系工具】，拖动坐标轴的四个控制点，使坐标轴的大小适当。在窗口左上角的坐标系控制菜单中选择【隐藏网格】，拖拉坐标轴两端的绿色控制点，调整好坐标轴刻度线的长短和位置以及坐标轴上数字的位置。选中 x 轴两端的控制点，构造线段，线型选细线，颜色选黑色，隐藏坐标系控制菜单。

2. 在 x 轴上取两点并将其标签分别更改为 a、b，度量这两点的横坐标，并将所得度量值的标签分别改为 a、b。选择【编辑】/【参数选项】，将角度单位设为弧度。

3. 选择【数据】/【新建函数】，在新建函数输入框中输入
$\mathrm{sgn}(1+\mathrm{sgn}(a-x)) * \mathrm{sgn}(1+\mathrm{sgn}(b-x))$，并将所得函数的标签改为 $q_1(x)$，得
$q_1(x) = \mathrm{sgn}(1+\mathrm{sgn}(a-x)) \cdot \mathrm{sgn}(1+\mathrm{sgn}(b-x))$
同样方法再新建两个函数
$q_2(x) = \mathrm{sgn}(1-\mathrm{sgn}(a-x)) \cdot \mathrm{sgn}(1+\mathrm{sgn}(b-x))$
$q_3(x) = \mathrm{sgn}(1-\mathrm{sgn}(a-x)) \cdot \mathrm{sgn}(1-\mathrm{sgn}(b-x))$

函数 $q_1(x)$ 的功能是当 $x<a$ 时,值为 1;当 $x>a$ 时,值为 0。函数 $q_2(x)$ 的功能是当 $a\leqslant x\leqslant b$ 时,值为 1;当 $x<a$ 或 $x>b$ 时,值为 0。函数 $q_3(x)$ 的功能是当 $x<b$ 时,值为 0;当 $x>b$ 时,值为 1。

4. 选择【数据】/【新建函数】,同步骤 3,先分别输入分段函数中的三个解析式,再更改其标签,得以下三个函数:$f_1(x)=\sin x$,$f_2(x)=\dfrac{x^3}{16}$,$f_3(x)=\cos\left(x-\dfrac{\pi}{3}\right)$。

5. 用同样方法新建函数 $u(x)=q_1(x)\cdot f_1(x)+q_2(x)\cdot f_2(x)+q_3(x)\cdot f_3(x)$。在 x 轴上取一点 H,度量 H 点的横坐标得 x_H,计算 $u(x_H)$。选择【绘图】/【绘制点】,绘制 $I(x_H,u(x_H))$。选中点 H、I,选择【构造】/【轨迹】,即得分段函数的图象(图 1-18)。隐藏点 H、I,其他函数和度量值。保留三个函数 $f_1(x)=\sin x$,$f_2(x)=\dfrac{x^3}{16}$,$f_3(x)=\cos\left(x-\dfrac{\pi}{3}\right)$,如改变这三个函数的解析式,则分段函数的图象也随之改变。

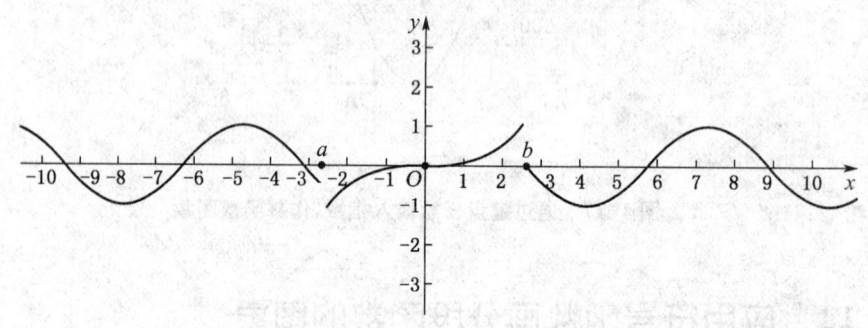

图 1-18 作分段函数的图象

1.13 动画,追踪线段,擦除追踪踪迹

实例 12 动态演示圆锥的形成过程。

[制作步骤]

1. 选择【圆工具】,画一个圆,过圆心 O 画一条水平直线与圆交于两点,分别标记为 A、B,构造线段 AB,并将直线隐藏。

2. 在圆上任取一点,标记为 C。过点 C 作线段 AB 的垂线,垂足标记为 D。隐藏垂线,双击点 D,将点 D 设为缩放中心,选中点 C、D,选择【变换】/【缩放】,得点 C'。依次选中点 C、C',选择【构造】/【轨迹】,得 C' 点的轨迹为一椭圆。

3. 只保留椭圆轨迹和圆心、圆的直径,将其他对象隐藏。过圆心 O 作直径的垂线,在垂线上取一点 E,与圆心构造一条线段 OE,作为圆锥的高,将直径和高的线型设为虚线,将垂线隐藏。在椭圆轨迹上取一点 F,构造线段 EF、OF,将线段 EF 的线型设为实线。

4. 度量线段 EF 的长度。同时选中线段 EF 和线段 EF 的度量值,选择【显示】/【颜色】,在颜色面板中选择下方的参数选项,颜色范围选"单向循环"(图 1-19)。隐藏线段 EF 的度量值。

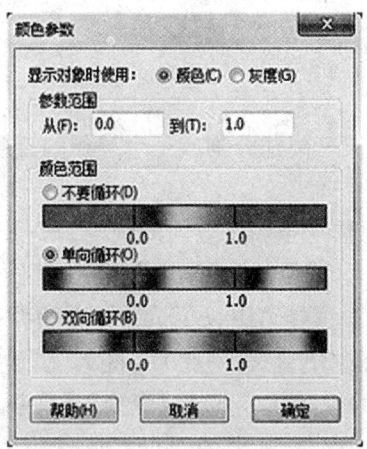

图 1-19 颜色参数对话框

5. 选中点 F,选择【编辑】/【操作类按钮】/【动画】,出现动画对话框(图 1-20)。选中线段 EF,选择【显示】/【追踪线段】,单击"动画"按钮,动态演示圆锥的形成过程(图 1-21)。再次单击"动画"按钮则动画停止。选择【显示】/【擦除追踪踪迹】,单击"动画"按钮,则可重新演示圆锥的形成过程。

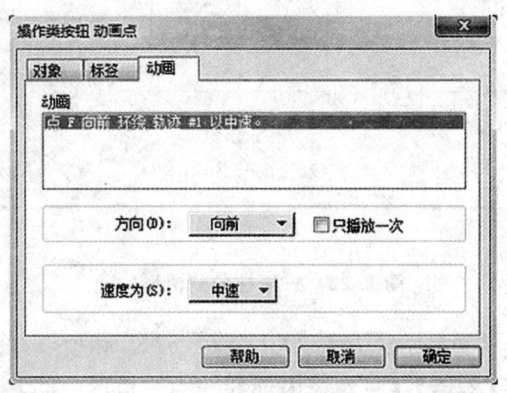

图 1-20 动画对话框

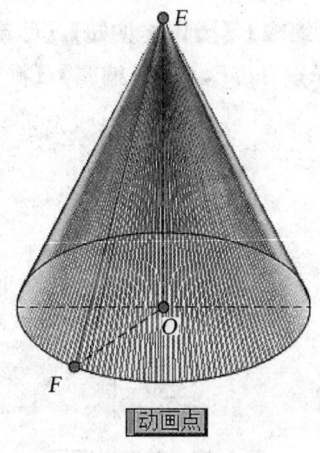

图 1-21 圆锥的形成过程

1.14 平移

实例 13 动态演示一个正三棱柱分割成三个等积的三棱锥。

[制作步骤]

1. 作一个三角形 ABC,再作一条铅垂方向的线段 DE,依次取点 D、E,选择【变换】/【标记向量】。选中三角形 ABC,选择【变换】/【平移】,得三角形 $A'B'C'$,构造线段 AA'、BB'、CC',得三棱柱 $ABC-A'B'C'$,连接 AB'、$B'C$、CA',并将背面的 BC 和 $B'C$ 设成虚线。

2. 作一条水平线段 GF,在 GF 上取一点 H,将 H 移到线段 GF 中间位置,标记向量 HG。选中三棱锥 $B'-ABC$ 的棱和顶点,选择【变换】/【平移】,并将得到的新三棱锥的顶点仍改为 $B'、A、B、C$。作一条水平线段 IJ,在 IJ 上取一点 K,标记向量 KJ。选中三棱锥 $C-A'B'C'$ 的棱和顶点,选择【变换】/【平移】,并将得到的新三棱锥的顶点仍改为 $C、A'、B'、C'$(图 1-22)。

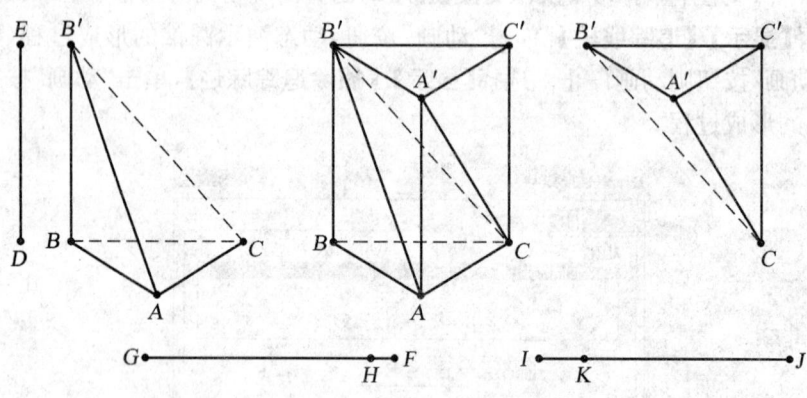

图 1-22 三棱柱分割情形(一)

3. 将中间三棱柱的棱 AB、BC、BB'、CC'、$A'C'$、$B'C'$ 和顶点 B、C' 隐藏。选中左边三棱锥的顶点 A、B、B',选择【构造】/【三角形内部】,选中三角形内部,将其颜色设置为蓝色。用同样方法将中间三棱锥的面 $AA'B'$ 设为蓝色,面 $AA'C$ 设为棕色,右边三棱锥的面 $A'CC'$ 设为棕色。

4. 依次选择点 H、G,选择【编辑】/【操作类按钮】/【移动】,并将所得移动按钮的标签改为"左合并"(图 1-23);依次选择点 H、F,选择【编辑】/【操作类按钮】/【移动】,并将所得移

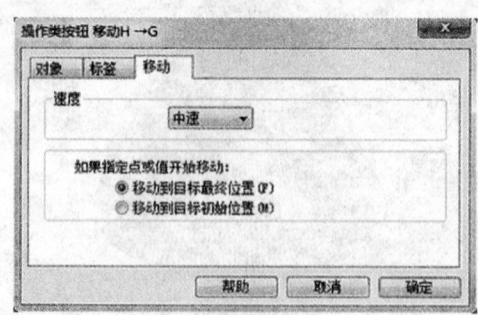

图 1-23 移动对话框

动按钮的标签改为"左分离"。依次选择点 K、J,选择【编辑】/【操作类按钮】/【移动】,并将所得移动按钮的标签改为"右合并";依次选择点 K、I,选择【编辑】/【操作类按钮】/【移动】,并将所得移动按钮的标签改为"右分离"。将线段 FG、IJ 隐藏,拖动点 E 可改变三棱柱的高或将其变为斜三棱柱,最后效果如图 1-24 所示。

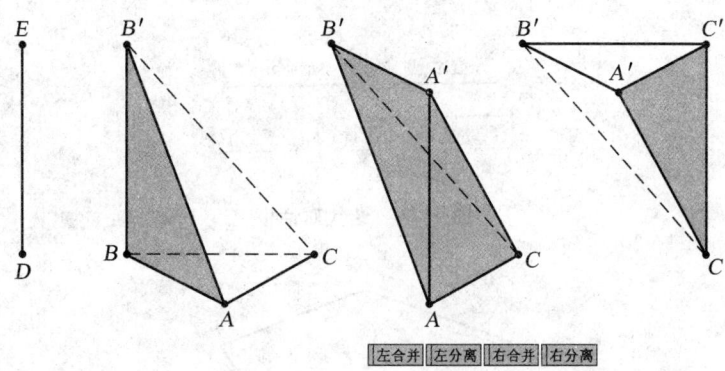

图 1-24　三棱柱分割情形(二)

1.15　迭代

实例 14　旋转的水平放置的正五边形。

[制作步骤]

1. 作一条水平的直线,以直线上一点 A 为圆心,画两个同心圆。在大圆上任取一点 B,连接 AB,与小圆交于一点 C。过点 C 作水平直线的平行线,过点 B 作水平直线的垂线,两者相交于点 D。

2. 双击点 A,将其标记为旋转中心。选中线段 AB 与点 B,选择【变换】/【旋转】,得线段 AB',与小圆交于点 F。过点 F 作水平直线的平行线,过点 B' 作水平直线的垂线,两者交于点 G,构造线段 DG(图 1-25)。

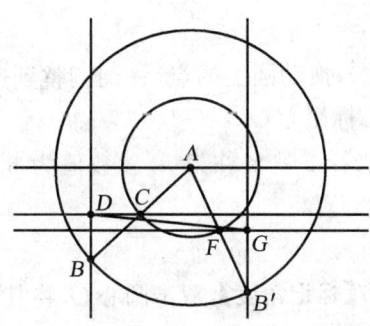

图 1-25　迭代法画水平放置的五边形情形(一)

3. 保留线段 DG 和点 A、B、B',将其余的点、直线、线段和圆隐藏。选中点 B,选择【变换】/【迭代】,在迭代对话框初象中选 B',单击"显示"按钮(图 1-26)。选择增加迭代或按住"shift"键不放再按"+"键,使迭代次数为 4 次,然后单击"迭代"按钮,得一水平放置的正五边形(图 1-27)。

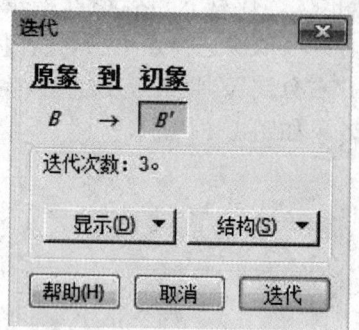

图 1-26 迭代对话框

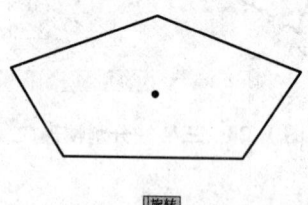

图1-27 迭代法画水平放置的五边形情形(二)

4. 选 B 点,选择【编辑】/【操作类按钮】/【动画】,得一动画按钮,将点 B、B' 和有关迭代点隐藏。选中点 A、D、G,选择【显示】/【隐藏标签】,并将动画点按钮的标签改为旋转。

[相关操作] 若要减少迭代次数,单击"显示"按钮,选【减少迭代】,或按"—"键。

1.16 深度迭代

实例 15 作圆的内接和外切正 n 边形。

[制作步骤]

1. 选择【圆工具】,作一个圆,拖动圆上的点,将圆调整到适当大小,然后隐藏圆上的控制点。在圆上取一点 A,将圆心标记为 O。

2. 选择【数据】/【新建参数】,参数名称为 n,参数值为 6。选择【数据】/【计算】,计算 $\frac{360°}{n}$ 和 $\frac{360°}{2n}$ 的值。

3. 选中 $\frac{360°}{n}$,选择【变换】/【标记角度】,双击圆心 O,将其标记为旋转中心。选中点 A,选择【变换】/【旋转】,得点 A'。构造线段 AA'、OA',过 A' 作线段 OA' 的垂线 a。

4. 选中 $\frac{360°}{2n}$,选择【变换】/【标记角度】,双击圆心 O,将其标记为旋转中心。选中点 A,选择【变换】/【旋转】,得点 B。构造射线 OB,与直线 a 交于点 C。

5. 双击线段 OA',将其标记为反射镜面,选中点 C,选择【变换】/【反射】,得点 C',构造线段 CC'。隐藏直线 a、射线 OB、线段 OA'。

6. 依次选中点 A 和参数 n＝6，按住"shift"键不放，选择【变换】/【深度迭代】，在迭代对话框中，原象 A 的初象选 A′，单击"迭代"按钮，即得圆的内接和外切正六边形。

7. 隐藏点 A、A′、C、C′、O 的标签，并将其点型设为稍小。隐藏点 B，将圆上因迭代产生的小红点删除，将计算结果标签隐藏，将参数 n 的标签移动到图形的下方。改变 n 的值，随着 n 的值越来越大，圆的内接与外切正多边形越来越接近圆（图 1-28）。

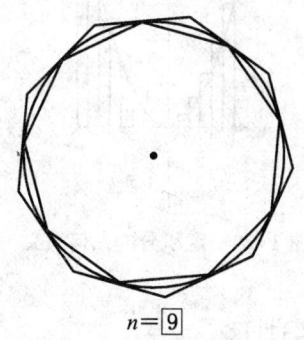

图 1-28 圆的内接与外切正 n 边形

1.17 曲边梯形的 n 等份分割

实例 16 在区间 $[a,b]$ 上，将函数 $y=x^2$ 与 x 轴围成的曲边梯形进行任意等份的分割。

[制作步骤]

1. 选择【绘图】/【绘制新函数】，作出函数 $y=x^2$ 的图象，隐藏单位点，并将函数图象的线型设为中等，选择【绘图】/【隐藏网格】。

2. 在 x 轴上任意作 2 个点 A、B，选择【数据】/【新建参数】，在打开的对话框中，输入名称"n"，值为"4"。

3. 选择【数据】/【计算】，计算 $n-1$ 与 $\frac{1}{n}$。选中 $\frac{1}{n}$ 标签，单击右键，选择【属性菜单】，在对话框数值页面中，将其精确度设置为"十万分之一"。

4. 双击点 A，设置为放缩中心。选中 $\frac{1}{n}$ 标签，选择【变换】/【标记比值】。选中点 B，选择【变换】/【缩放】，得点 B′。

5. 分别选中 A、B′，选择【度量】/【横坐标】，得点 A、B′ 的横坐标 x_A、$x_{B'}$，并计算 x_A^2、$x_{B'}^2$。选择【绘图】/【绘制点】，绘制 $C(x_A, x_A^2)$，$D(x_{B'}, x_{B'}^2)$。

6. 过点 C 作 x 轴的平行线交直线 B′D 于点 E，隐藏平行线和直线 B′D。构造线段 AC、CE、EB′、B′D。构造 ACEB′ 四边形内部，并度量四边形 ACEB′ 的面积。同时选中四边形 ACEB′ 内部和面积的度量值，选择【显示】/【颜色】/【参数】，选择双向。

7. 依次选择"n＝4"、点 A 和"n－1＝3"，按住"shift"键不放，选择【变换】/【深度迭代】，在迭代对话框中，原象 n 的初象选 n－1，原象 A 的初象选点 B′，单击"迭代"按钮，即得 4 个小矩形。将参数 n 的标签移到图象下方，将窗口中的度量值和迭代所得表格隐藏，迭代所得的小红点删除,设置原点的标签为 O,将点 B'、C、D、E 隐藏。改变 n 的值,n 的值越大,分割成的小矩形就越多,图 1-29 是 $n=14$ 时的情形。

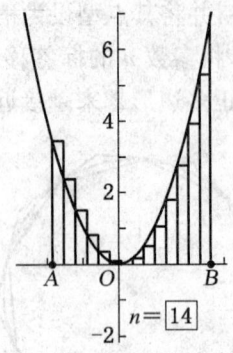

图 1-29　定积分的几何意义

1.18　裁剪图片到多边形

实例 17　制作一个万花筒。

[制作步骤]

1. 画一个圆,圆心记为 A,在圆上任取一点 B,构造半径 AB。

2. 双击圆心 A,将其标记为中心。选中半径 AB 和点 B,选择【变换】/【旋转】,将其旋转 $60°$,得半径 AB'。连接 B、B',双击 BB',将其标记为镜面。选中圆心 A 和半径 AB、AB',选择【变换】/【反射】,得 $A'B$、$A'B'$。隐藏线段 BB'。

3. 构造四边形 $ABA'B'$ 内部,打开文件夹 1.18 内的一幅花朵图片,将其拖到几何画板窗口内。将图片移到合适位置,单击右键将其置于底层。

4. 选中图片和四边形内部,选择【编辑】/【裁剪图片到四边形】,将线段 $A'B$、$A'B'$ 和点 A' 隐藏。

5. 双击 AB',选中四边形内部图片和半径 AB,选择【变换】/【反射】。反复 5 次,注意最后一次只反射四边形内部图片。

6. 选中点 B,选择【编辑】/【操作类按钮】/【动画】,并将得到的动画点按钮的标签名改为万花筒,将窗口中的点、线段和圆全部隐藏,最后效果如图 1-30。

图 1-30　万花筒

第2章 几何画板课件范例

2.1 动态演示平面截圆锥面所得的截线

[课件功能]

圆、椭圆、抛物线、双曲线这四种曲线可以看作不同的平面截圆锥面得到的截线,故它们统称为圆锥曲线。传统教学中,很难用实物教具演示圆锥曲线的形成过程。现利用几何画板模拟不同的平面截圆锥面的过程,动态演示不同圆锥曲线的形成,有利于学生对圆锥曲线的实际意义和圆锥曲线概念的理解与认识。

[制作步骤]

1. 构造能够控制截面作移动和倾斜变化的示意图

(1) 作小椭圆:利用同心圆法(第1.4节实例3)构造椭圆,椭圆的长半轴为 OA,短半轴为 OB。过 O 作 OA 的垂线,在垂线的上方任取一点 H,构造线段 HO,并隐藏垂线。构造线段 AH。分别在线段 OH 和 AH 上任取点 C 和点 D,构造线段 CD。

(2) 作截面:以点 C 为圆心,以小线段 r 为半径作圆。在上半圆上任取一点 E,隐藏圆。依次选定点 E 和点 C,选择【变换】/【标记向量】。选中点 C,选择【变换】/【平移】,将平移后的点标记为 E'。依次选定点 C 和点 D,并标记向量。把点 E 和 E' 按标记向量平移得到点 F 和 F'。依次选定点 E、F、F' 和 E',选择【构造】/【四边形内部】,颜色选择黄色,将线段相连得截面 $EFF'E'$,如图 2-1。

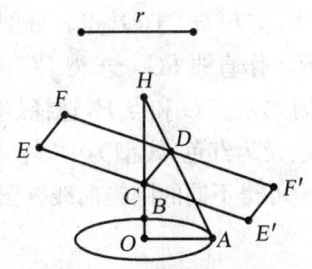

图 2-1 平面截圆锥面控制示意图

注:利用示意图控制截面作移动和倾斜变化。

◆ 拖动点 A 或点 B,可以改变椭圆的大小。
◆ 拖动点 C 或点 D,可以使截面 $EFF'E'$ 上下移动或上下倾斜。
◆ 拖动点 E,可以使截面左右倾斜或翻转。
◆ 拖动线段 r 的端点,可以改变截面 $EFF'E'$ 的长。

2. 构造圆锥面被截面所截形成圆锥截面曲线的过程

(1) 作大椭圆:度量 OA、OB 的长度,分别计算 $2OA$、$2OB$。取一点 O',以 O' 为圆心,以 $2OA$、$2OB$ 的值为半径作圆。利用同心圆法作椭圆,椭圆的长半轴为 $O'A'$,短半轴为 $O'B'$。

(2) 作圆锥面:依次选定点 O 和点 H 并标记为向量,把点 O' 按标记向量平移两次得点 H',使 $O'H' = 2OH$,并连接 O'、H'。在椭圆上任取一点 P,用线段连接 $O'P$。依次选定点 P 和点 H',并标记向量,把点 H' 按标记向量平移得点 P',用线段连接 PP' 和 $A'H'$。同

时选定点 P 和点 P'，选择【构造】/【轨迹】，得一个与原椭圆关于 H' 对称的椭圆。将线段 PP' 设为绿色，再同时选定线段 PP' 和点 P，选择【构造】/【轨迹】，得圆锥面。

(3) 作截面：依次选定点 O 和点 C 并标记为向量，把点 O' 按标记向量平移两次得点 C'，使 $O'C' = 2OC$。过点 C' 作平行于 CD 的直线 a，交 $A'H'$ 于点 D'。在直线 a 上任取一点 M，选定点 M 和点 C'，并标记为向量，把点 C' 按标记向量平移得点 M'。过点 M 作 EE' 的平行线 d，在 d 上任取一点 N，选定点 N 和 M，并标记为向量，使点 M 按标记向量平移得点 N'。依次选定点 M 和点 M'，并标记为向量，使点 N 和点 N' 按标记向量平移得点 Q 和 Q'。隐藏直线 d，用线段连接 N、N'、Q'、Q，构造截面 $NN'Q'Q$，颜色设置为黄色(图 2-2)。

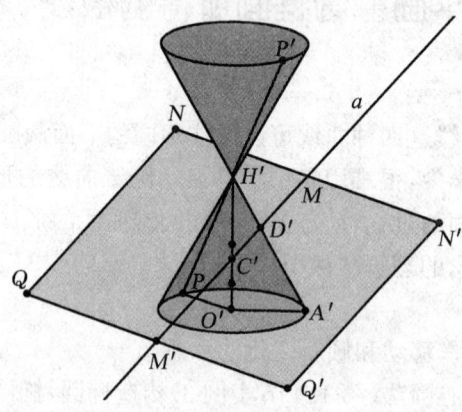

图 2-2　圆锥的截面

(4) 作圆锥面的截线：作截面 $NN'Q'Q$ 与棱 $H'P$ 的交点 G。过点 D' 作 $O'A'$ 的平行线，交 $O'H'$ 于 O'' 点。分别过点 O' 和 D' 作线段 $O'P$ 和 FF' 的平行线 b 和 c，b 和 c 交于点 R。作直线 RC'，求得 RC' 与 PP' 的交点 G 即为截面与棱 PP' 的交点。隐藏所有直线。同时选定点 G 和点 P，选择【构造】/【轨迹】，求得截面与锥面相交的截线。选中轨迹，将其颜色设为红色，线型为中等。隐藏所有的线段和点，用文本工具写上操作提示"拖动点 E 或点 C 可得不同的圆锥曲线"(图 2-3)。

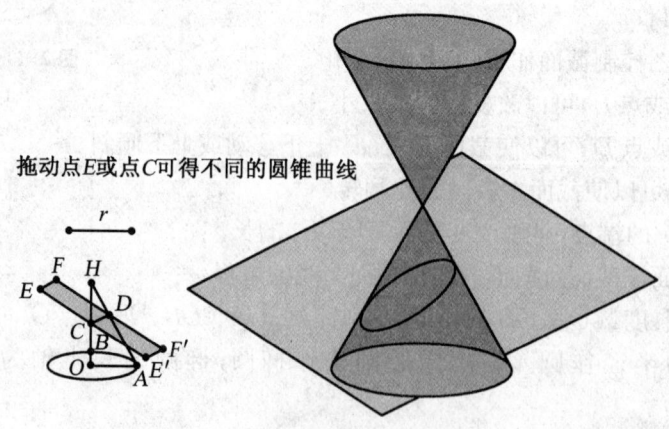

图 2-3　圆锥被平面所截的截线

2.2 椭圆的定义

[课件功能]

动态演示椭圆的作图过程,并结合动态计算,直观明了地给出了椭圆的定义。

[制作步骤]

1. 新建一个文件,选择【绘图】/【新建坐标系】,在 x 轴上取一点 F_1。双击 y 轴,将其标记为反射镜面,选择【变换】/【反射】,将所得点标记为 F_2,将原点标记为 O。

2. 在 x 轴上取一点 B,并移到 F_2 点的右侧。依次选中 F_1、B,选择【构造】/【以圆心和圆周上的点画圆】,在所得圆上取一点 C,连接 CF_1、CF_2。取 CF_2 的中点 D,过点 D 作半径 CF_2 的垂线,与半径 CF_1 交于点 M。

3. 构造线段 MF_1、MF_2。依次选中点 C 和点 M,选择【构造】/【轨迹】,即得以 F_1、F_2 为焦点的椭圆(图 2-4)。

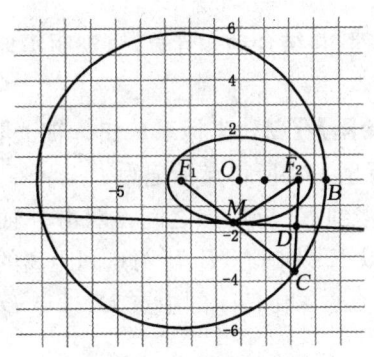

图 2-4 椭圆的画法

4. 度量 M、F_1 两点间的距离,选择【数据】/【计算】,将距离的度量值除以 1 厘米,并将计算结果的标签改为 $|MF_1|$。同理将 M、F_2 两点间距离的度量值除以 1 厘米,并将结果标签改为 $|MF_2|$。计算 $|MF_1|+|MF_2|$。度量 F_1、B 两点间的距离,将其度量值除以 1 厘米,并将其计算结果的标签改为 $2a$。度量 F_1、F_2 两点间的距离除以 1 厘米,并将计算结果标签改为 $|F_1F_2|$。

5. 只选中 C 点,选择【编辑】/【操作类按钮】/【动画】,得动画按钮,并将其标签改为"椭圆的画法"。将直线 MD,线段 CF_1、CF_2,圆,点 B、C、D 和单位点,含厘米单位的距离度量值隐藏。选中 $|MF_1|+|MF_2|$ 和 $2a$ 的计算结果标签,选择【数据】/【制表】,得一个表格,将两个数值标签隐藏。单击"椭圆画法"按钮,发现随着 M 点的移动,始终有 $|MF_1|+|MF_2|=2a$。

6. 用文本工具输入椭圆的定义:"平面内到两个定点 F_1、F_2 的距离的和等于常数(大于 F_1F_2)的点的轨迹叫做椭圆。"选中输入的文本,选择【编辑】/【操作类按钮】/【隐藏/显示】,并将按钮标签改为"椭圆的定义",单击按钮即可显示或隐藏椭圆的定义(图 2-5)。

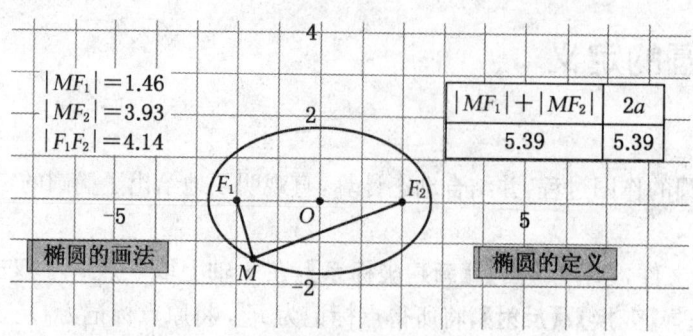

图 2-5 椭圆的定义

2.3 双曲线的定义

[课件功能]

动态演示双曲线的作图过程,并结合动态计算,直观明了地给出了双曲线的定义。

[制作步骤]

1. 新建一个文件,选择【绘图】/【新建坐标系】,在 x 轴上取一点 F_1。双击 y 轴,将其标记为反射镜面,选择【变换】/【反射】,将所得点标记为 F_2,将原点标记为 O。

2. 在 x 轴上取一点 B,并移到 F_1 与 O 点之间。双击 y 轴,作 B 点关于 y 轴的对称点 B'。度量 B、B' 两点间的距离,以 F_1 为圆心,B、B' 两点间距离的度量值为半径作圆。在圆上取一点 C,构造直线 CF_1、线段 CF_2。取 CF_2 的中点 D,过点 D 作线段 CF_2 的垂线,与直线 CF_1 交于点 M。

3. 构造线段 MF_1、MF_2。依次选中点 C 和点 M,选择【构造】/【轨迹】,即得以 F_1、F_2 为焦点的双曲线(图 2-6)。

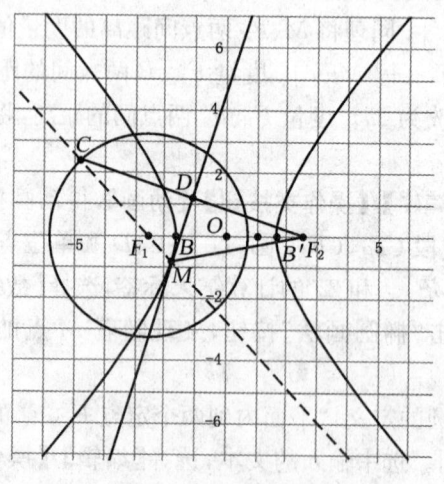

图 2-6 双曲线的画法

4. 度量 M、F_1 两点间的距离,选择【数据】/【计算】,将距离的度量值除以 1 厘米,并将计算结果的标签改为 $|MF_1|$。同理将 M、F_2 两点间距离的度量值除以 1 厘米,并将结果标

签改为$|MF_2|$。选择【数据】/【计算】,选中函数 abs,选中$|MF_1|$,选中"—"号,选中$|MF_2|$,得$||MF_1|-|MF_2||$的值。将B、B'两点间距离的度量值除以1厘米,并将其计算结果的标签改为$2a$。度量F_1、F_2两点间的距离,将其度量值除以1厘米,并将计算结果标签改为$|F_1F_2|$。

5.只选中C点,选择【编辑】/【操作类按钮】/【动画】,得动画按钮,并将其标签改为"双曲线的画法"。将直线MD、CF_1,线段CF_2,圆,点B、B'、C、D和单位点,含厘米单位的距离度量值隐藏。选中$||MF_1|-|MF_2||$和$2a$的计算结果标签,选择【数据】/【制表】,得一个表格,将两个数值标签隐藏。单击"双曲线画法"按钮,发现随着M点的移动,始终有$||MF_1|-|MF_2||=2a$。

6.用文本工具输入双曲线的定义:"平面内到两个定点F_1、F_2的距离差的绝对值等于常数(小于F_1F_2的正数)的点的轨迹叫做双曲线。"选中输入的文本,选择【编辑】/【操作类按钮】/【隐藏/显示】,并将按钮标签改为"双曲线的定义",单击按钮即可显示或隐藏双曲线的定义(图2-7)。

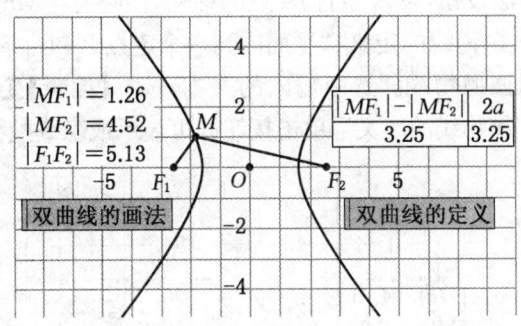

图2-7 双曲线的定义

2.4 抛物线的定义

[课件功能]

动态演示抛物线的作图过程,并结合动态计算,直观明了地给出了抛物线的定义。

[制作步骤]

1.新建一个文件,选择【绘图】/【新建坐标系】,在x轴上取一点F。双击y轴,将其标记为反射镜面,选择【变换】/【反射】,得点F',过F'作x轴的垂线,在垂线上取一点H。将原点标记为O。

2.过H作x轴的平行线a,构造线段FH,取FH的中点A,过A作线段FH的垂线,交平行线a于点M。构造线段MH和MF,依次选中点H和M,选择【构造】/【轨迹】,得以点F为焦点的抛物线(图2-8)。

3.度量M、F两点间的距离,选择【数据】/【计算】,将距离的度量值除以1厘米,并将计算结果的标签改为$|MF|$。同理将M、H两点间距离的度量值除以1厘米,并将结果标签改为$|MH|$。

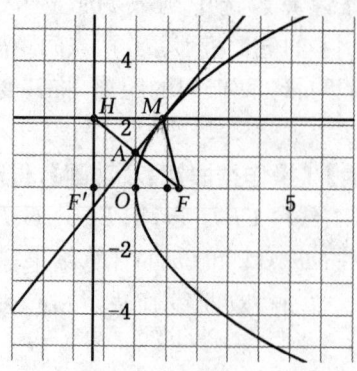

图 2-8　抛物线的画法

4. 只选中 H 点,选择【编辑】/【操作类按钮】/【动画】,得到动画按钮,并将其标签改为"抛物线的画法"。将直线 MA、平行线 a,线段 HF,点 A、F' 和单位点,含厘米单位的距离度量值隐藏。单击抛物线画法按钮,发现随着 M 点的移动,始终有 $|MF|=|MH|$。

5. 用文本工具输入抛物线的定义:"平面内到一个定点 F 和一条定直线 l(F 不在 l 上)的距离相等的点的轨迹叫做抛物线。"选中输入的文本,选择【编辑】/【操作类按钮】/【隐藏/显示】,并将按钮标签改为"抛物线的定义",单击按钮即可显示或隐藏抛物线的定义(图 2-9)。

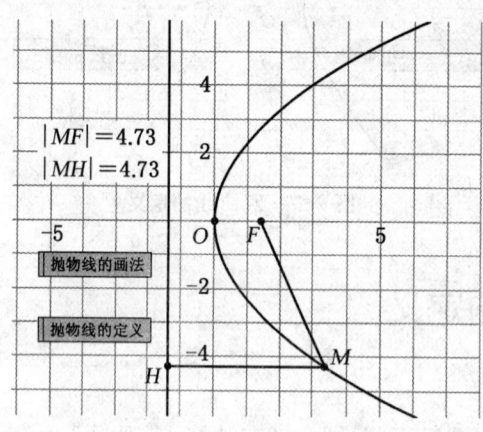

图 2-9　抛物线的定义

2.5　圆锥曲线的统一定义

[课件功能]

动态演示圆锥曲线的作图过程,并结合动态计算,直观明了地给出了圆锥曲线的定义。

[制作步骤]

方法一

1. 新建一个文件,在窗口内画一条竖直的直线 l(定直线)和直线外一点 F(定点)。隐藏直线 l 上的两控制点,并在直线 l 上取点 A。过点 A、点 F 作直线 l 的垂线 j、k,点 A、B 为垂足。

2. 依次选中点 A、点 B，构造以 A 为圆心，过点 B 的圆 c_1，并交直线 k 于点 E。

3. 在窗口内构建一线段 FG。在线段 FG 上任取一点 H，度量 F、H 两点间的距离，选择【数据】/【计算】，将 F、H 两点间距离的度量值除以 1 厘米再加上 0.01，并将计算结果的标签改为 t，将 F、H 两点间距离的度量值标签隐藏。

4. 选中 t 的标签，选择【变换】/【标记比值】。双击点 A，标记为缩放中心。选中点 E，选择【变换】/【缩放】，按标记比缩放得点 E'。

5. 构造以 A 为圆心，过点 E' 的圆 c_2；构造以线段 AF 的中点 I 为圆心，过点 A 的圆 c_3，与圆 c_2 交于点 P。构造直线 PF，与直线 k 交于 M，则 $\dfrac{MF}{MA} = \dfrac{AE}{AE'} = e$。

6. 依次选中 A、M，选择【构造】/【轨迹】，双击直线 j，标记为反射镜面，作点 M 关于直线 j 的对称点 M'。再依次选中点 A、M'，选择【构造】/【轨迹】，得整个圆锥曲线（图 2-11）。

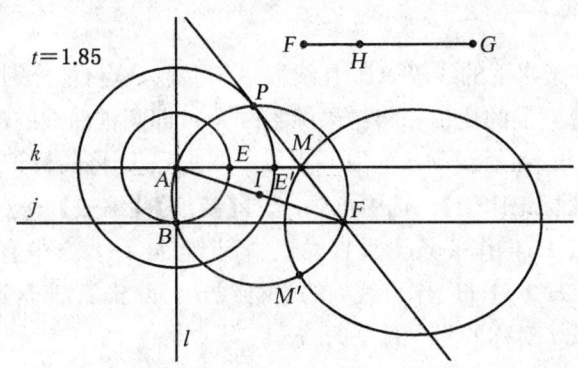

图 2-10 圆锥曲线画法 1

7. 构造线段 MA、MF。度量线段 MF、MA 的长度，并将度量值除以 1 厘米，再将两个结果标签分别改为 MF、MA。隐藏不必要的对象。选中点 A，选择【编辑】/【操作类按钮】/【动画】，并将动画按钮标签改为"圆锥曲线特征"。选择【数据】/【计算】，计算 $\dfrac{1}{t}$ 的值，并将其标签改名为 $e = \dfrac{MF}{MA}$。选中点 H，并将其标签改为"拖动改变离心率 e"，拖动该点可改变离心率 e 的值。当 $0 < e < 1$ 时，轨迹是椭圆；当 $e = 1$ 时，轨迹是抛物线；当 $e > 1$ 时，轨迹是双曲线。

8. 用文本工具输入圆锥曲线的统一定义："平面内到一个定点 F 和到一条定直线 l（F 不在 l 上）的距离的比等于常数 e 的点的轨迹。当 $0 < e < 1$，它表示椭圆；当 $e > 1$ 时，它表示双曲线；当 $e = 1$ 时，它表示抛物线。"选中输入文本，选择【编辑】/【操作类按钮】/【隐藏/显示】，并将按钮标签改为"圆锥曲线的定义"，单击按钮可显示或隐藏圆锥曲线的定义。

说明：如图 2-10，在圆 c_1 中，$AB = AE$；在圆 c_2 中，$AP = AE'$；在 $\triangle BAP$ 和 $\triangle FMA$，因为 $\angle APB = \angle FAM = \angle BFA$，$\angle ABP = \angle MFA$（同弧上的圆周角相等），所以 $\triangle BAP$ 和 $\triangle FMA$ 为相似三角形。则 $\dfrac{AP}{AB} = \dfrac{MF}{MA} = \dfrac{AE}{AE'} = \dfrac{1}{t} = e$，即定点 F 和定直线 l 距离之比等于定值 e。

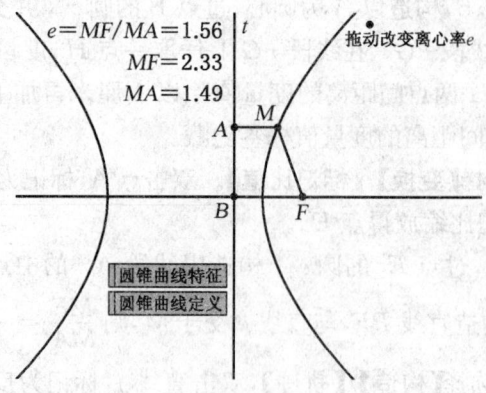

图 2-11 圆锥曲线的统一定义

方法二

1. 在窗口内画一条水平的线段 AB,在线段 AB 上取一点 C,分别度量 A、C 和 C、B 两点之间的距离,并计算它们的比值。将结果标签改为 e,即圆锥曲线的离心率。

2. 画一条射线 DE,在射线 DE 上取一点 G。双击点 D 将其标记中心。选中离心率 e 的标签,选择【变换】/【标记比值】。选中点 G,选择【变换】/【缩放】,得点 G'。

3. 窗口作一个点 F,再作一条铅垂直线 l。标记向量 DG,选中直线 l 上一点 H,选择【变换】/【平移】,得点 H'。过 H' 作直线 l 的平行线 m。双击直线 l,选中直线 m,选择【变换】/【反射】,得与直线 l 对称的另一条平行线 n。

4. 以点 F 为圆心,线段 DG' 为半径作圆,拖动点 C,使离心率 $e>1$。圆交直线 m 于 M、N,交直线 n 于 K、L。选中点 G 和点 M,选择【构造】/【轨迹】,得一部分轨迹,选中 G,再分别选中 N、K、L 三点,选择【构造】/【轨迹】,用同样方法得另三部分轨迹。连接 MF,过 M 作直线 l 的垂线段 MP,度量 M、F 和 M、P 的距离,并计算 $\frac{MF}{MP}$。拖动点 G,随着点 M 的改变,$\frac{MF}{MP}$ 始终等于离心率 e。拖动 C 点改变离心率的值,轨迹在椭圆、双曲线、抛物线之间变化。最后可做些美化工作,将一些无关的度量值和点、线、圆隐藏(图 2-12)。

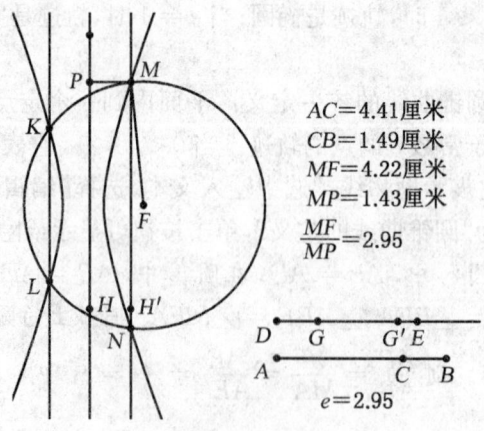

图 2-12 圆锥曲线画法 2

2.6 棱数与虚实线动态变化的棱柱、棱锥、棱台

[课件功能]
可随意改变棱柱、棱锥、棱台的棱数;能动态演示棱柱、棱锥、棱台的旋转,并能使棱始终保持面实背虚的直观效果;棱柱、棱锥、棱台之间可实现动态的相互转化。

[制作步骤]
1. 制作用来控制棱台的棱数、上底半径、下底半径和高的相关线段

(1) 按住"shift"键不放,用画直线工具,任作一条直线 AB 放在窗口下方,作为水平基准线。过 A 点作直线 AB 的垂线,在垂线上取一点 C。

(2) 过点 C 作直线 AB 的平行线,在平行线上取一点 D,构造线段 CD,隐藏平行线,度量线段 CD,选择【编辑】/【参数选项】,将其他的精确度改为"单位";选择【数据】/【计算】,选中函数 round(),将线段 CD 的度量值除以 1 厘米再加上 3,将所得结果的标签改为 n。拖动点 D 可改变棱台的侧棱数 n。

(3) 在直线 AC 上取一点 E,过 E 作直线 AB 的平行线,在平行线上取一点 F,构造线段 EF,并将平行线隐藏。这里用线段 EF 的长度来控制棱台的下底外接圆半径。

(4) 在直线 AC 上取一点 G,依次选中 E、G,选择【变换】/【标记向量】。选中线段 EF 和点 F,选择【变换】/【平移】,在平移后的线段上取一点 H,构造线段 GH,并将平移得到的线段和点 F' 隐藏。这里用线段 GH 的长度来控制棱台的上底外接圆半径。

(5) 在直线 AC 上取一点 I,构造线段 EI。这里用线段 EI 的长度来控制棱台的高。在线段 EF 上取一点 J,构造线段 EJ。这里用线段 EJ 的长度来控制棱台下底面所在椭圆的短半轴长。将直线 AB、垂线 AC 和线段 CD 的度量值隐藏。

2. 制作实线棱台

(1) 在控制线段右侧空白窗口内取一点 K,依次取点 E、K,选择【变换】/【标记向量】,选中线段 EI 和点 I,选择【变换】/【平移】,并将线段 KI' 的线型设为虚线。

(2) 以 K 为圆心,线段 EF 和 EJ 为半径分别画圆,在大圆上取一点 L,在小圆上取两点 M、N,沿逆时针方向依次选中点 M,小圆,点 N,选择【构造】/【圆上的弧】,并将弧设成实线红色。在小圆上取两点 O、P,沿逆时针方向依次选中点 O,小圆,点 P,选择【构造】/【圆上的弧】,并将弧设成虚线黑色,隐藏小圆。

(3) 将实弧 MN 转到前面,虚弧 OP 转到后面,并拖动端点,使实弧变长,虚弧变短。构造线段 KL,与实弧交于点 Q。过点 Q 作线段 CD 的平行线 l。过 L 作平行线的垂线,交于点 R。

(4) 将参数选项中其他的精确度由"单位"改为"百分之一",分别度量线段 GH、EF 的长度,分别计算线段 GH、EF 的长度加 0.01 厘米之后的比值。选中计算结果标签,选择【变换】/【标记比值】,双击点 K,将其标记为中心。选中点 R,选择【变换】/【缩放】,得点 R'。

(5) 依次选中点 K 和 I',选择【变换】/【标记向量】。选中点 R',选择【变换】/【平移】,得点 R'',构造线段 RR'',线型为实线。

(6) 选择【数据】/【计算】,计算 360°除以侧棱数 n 的值。选中计算结果的标签,选择【变换】/【标记角度】,双击点 K,标记为中心。选中点 L 和线段 KL,选择【变换】/【旋转】,得在

大圆上的点 L',线段 KL' 与实弧 MN 交于点 S。

(7) 过点 S 作线段 CD 的平行线。过 L' 作平行线的垂线,交于平行线于点 T。对点 T 以点 K 为中心,用上面标记的比值进行缩放,得点 T'。将点 T' 按向量 KI' 平移得 T'',构造线段 RT、TT''、$T''R''$(图 2-13)。

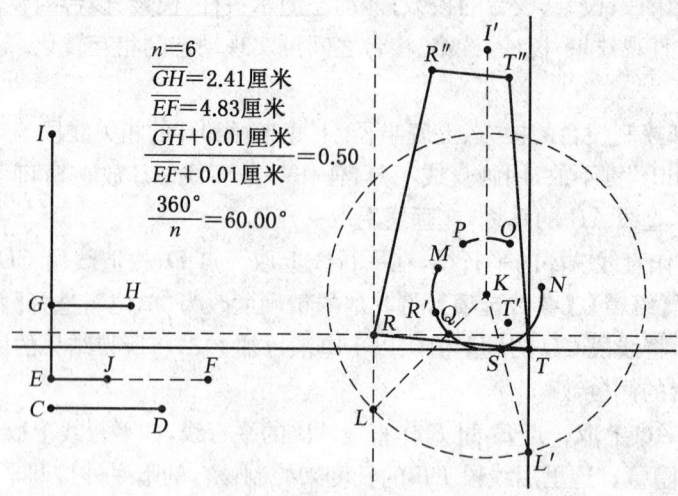

图 2-13 棱台棱的画法情形

(8) 将所作的两条平行线,两条垂线,半径 KL、KL' 以及点 Q、S、R'、T' 隐藏。依次选中点 L 和度量值 n,按住"shift"键不放,选择【变换】/【深度迭代】,在弹出的迭代对话框中,初象选 L',单击"迭代"按钮,拖动 M 点与 N 点重合,就得到一个实线棱台。

3. 制作虚线棱台

(1) 选中点 R、R''、T、T'',选择【显示】/【隐藏标签】,将这些点的标签隐藏。将实线弧 MN 移到后面,并移动点 M、N 使弧长变短;移动虚线弧 OP 到前面,并移动点 O、P 使弧长变长。

(2) 构造线段 KL 与虚线弧交于点 U。过点 U 作线段 CD 的平行线,再过点 U 作平行线的垂线,与平行线交于点 V。将点 V 以 K 为缩放中心,以上面的标记比值为缩放比例进行缩放,得点 V'。将点 V' 按向量 KI' 进行平移得点 V'',构造线段 VV'',线型为虚线。

(3) 构造线段 KL',与虚线弧交于点 W。过点 W 作线段 CD 的平行线,再过点 W 作平行线的垂线,与平行线交于点 X。将点 X 以 K 为缩放中心,以上面的标记比值为缩放比例进行缩放得点 X'。将点 X' 按向量 KI' 进行平移得点 X'',构造线段 VV''、VX、XX'',线型为虚线;构造线段 $X''V''$,线型为实线。

(4) 将所作的两条平行线,两条垂线,半径 KL、KL' 以及点 U、W、V'、X' 隐藏。依次选中点 L 和度量值 n,按住"shift"键不放,选择【变换】/【深度迭代】,在弹出的迭代对话框中,初象选 L',单击"迭代"按钮,拖动 O 点与 P 点重合,就得到一个虚线棱台(上底面的棱是实线)。

4. 制作控制按钮

(1) 选中点 V、V''、X、X'',选择【显示】/【隐藏标签】,将这些点的标签隐藏。将虚线弧 OP 移到后面,并移动点 O、P 将弧长变长,使其大于半圆弧长;将实弧 MN 移到前面,并移动点 M、N 使弧长变长。调整棱台的棱使之符合面实背虚的直观效果。

(2) 隐藏大圆、点 L'、无用的迭代点、侧棱数 n 之外的度量值标签。将侧棱数 n 的标签拖到线段 CD 上面。在控制区域内作一点 Y，依次选中 K、Y，选择【变换】/【标记向量】。选中点 L、M、N、O、P，弧 MN 和弧 OP，选择【变换】/【平移】，得点 L'、M'、N'、O'、P'，弧 $M'N'$ 和弧 $O'P'$。

(3) 构造线段 YL'，双击点 Y，将其标记为缩放中心，选中点 M'、N' 和弧 $M'N'$，选择【变换】/【缩放】，选择固定比 1∶2，缩放后得点 M''、N'' 和弧 $M''N''$。隐藏点 M'、N'、M、N、O、P、L，弧 $M'N'$、弧 MN、弧 OP。选中点 C、E、G、K、I'、Y、O'、P'、M''、N''，选择【显示】/【隐藏标签】，将这些点的标签全部隐藏。

(4) 选中点 L'，选择【编辑】/【操作类按钮】/【动画】，将所得动画点按钮的标签改为"柱锥台的旋转"，拖动 L' 点可实现棱台的旋转，将点 L' 的标签改为"旋转"。选中点 H，选择【编辑】/【操作类按钮】/【动画】，将所得动画点按钮的标签改为"柱锥台的转化"，拖动 H 点可实现棱柱、棱台、棱锥的相互转化，将点 H 的标签改为"转化"。拖动 F 点可改变下底大小，将 F 点的标签改为"下底大小"。拖动 J 点可改变棱台的视角，将 J 点的标签改为"视角"。拖动 I 点可改变棱台的高，将 I 点标签改为"高"。拖动 D 点可改变棱台的侧棱数，将 D 点的标签改为"侧棱数"。拖动控制区域实线弧或虚线弧的端点，可调整棱台的棱的虚实线变化，确保呈现面实背虚的直观效果。

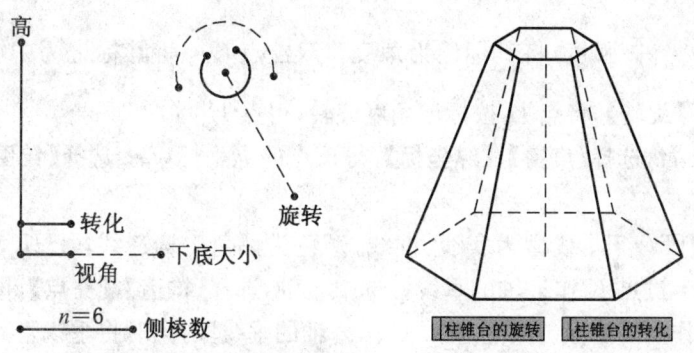

图 2-14 棱数与虚实线动态变化的棱柱、棱锥、棱台

2.7 正弦函数、余弦函数的图象

[课件功能]

可实现将单位圆进行任意等分，然后平移相应的正弦线得到图象上的点，最后用平滑的曲线连接起来得到正弦函数的图象。作图过程与传统手工作图完全相同，但计算机作图动态、形象、直观，正弦函数、余弦函数的图象可相互变换，并可实现作图复位、重复观看。

[制作步骤]

1. 制作正弦函数的图象

(1) 选择【文件】/【文档选项】，新建正弦函数、余弦函数两个页面。选择正弦函数页面，选择【自定义工具栏】/【07 新新坐标系】/【新坐标系工具】，建立坐标系。拖动坐标轴上的单位点，将单位适当放大；拖动坐标轴的四个控制点，使坐标轴的大小适当。

(2) 在窗口左上角的坐标系控制菜单中选择【三角坐标系】/【隐藏网格】。拖拉坐标轴两端的绿色控制点,调整坐标轴刻度线的长短和位置以及坐标轴数字的位置,用文本工具在字母 O 处双击,在弹出的"绘制的点 O"对话框中,将 O 删除,再用文本工具双击原点,将系统自动标定的 F 改为 O。后面实例同样处理,不再说明。选中 x 轴两端的控制点,构造线段,线型选细线,颜色选黑色,然后选中【隐藏控制点】。

(3) 选择【绘图】/【绘制点】,作出点 $F(6.28,0)$。构造线段 OF,在线段 OF 上取一点 G,选择【度量】/【横坐标】,得点 G 的横坐标 x_G。

(4) 依次选中原点 O 和单位点,选择【变换】/【标记向量】,在 x 轴负半轴上取一点 O_1,选择【变换】/【平移】,得点 O'_1。选中点 O_1、O'_1,选择【构造】/【以圆心和圆周上的点作圆】,在所作圆上任取一点 H。

(5) 选择【数据】/【新建参数】,新建 3 个参数,$n=12$,表示等分份数;$m=1$,表示迭代次数;$x=0$,表示迭代初始点的横坐标。

(6) 选择【编辑】/【参数选项】,将角度的单位改为弧度。选择【数据】/【计算】,计算 2π 弧度除以 n 的值,并将计算结果标签改为 p,得 $p=\dfrac{\pi}{6}$ 弧度。计算 $x+p$ 的值,得 $x+p=0.52$。在迭代次数 $m=1$ 的标签上单击鼠标右键,选【编辑参数】,在计算面板中选中函数 trunc,选中 x_G,选中除号,选中 $p=\dfrac{\pi}{6}$ 弧度,再将函数值乘以 1 弧度,得迭代次数的计算值。

(7) 选中 $p=\dfrac{\pi}{6}$ 弧度,将其标记为角度。双击点 O_1,将其标记为中心。选中圆上点 H,选择【变换】/【旋转】,将点 H 按标记角度旋转,得点 H'。

(8) 选中点 H,选择【度量】/【纵坐标】,得该点的纵坐标 y_H。选择【绘图】/【绘制点】,绘制点 $K(x,y_H)$。

(9) 构造线段 O_1H,线型为实线、细线、颜色为黑色。构造线段 HK,线型为虚线、细线、颜色为黑色。过点 K 作 x 轴的垂线。选中 x 轴,选择【构造】/【交点】,再选中点 K,构造线段,同时将所作垂线隐藏。同理过 H 点作 x 轴的垂线段,同时将垂线隐藏。

(10) 依次选中 H 点,$x=0$ 和迭代次数 $m=11$(拖动 G 点可改变 m 的值)的标签,按住"shift"键不放,选择【变换】/【深度迭代】,在弹出的迭代对话框中,H 点的初象选 H',$x=0$ 的初象选 $x+p=0.52$,单击"迭代"按钮。

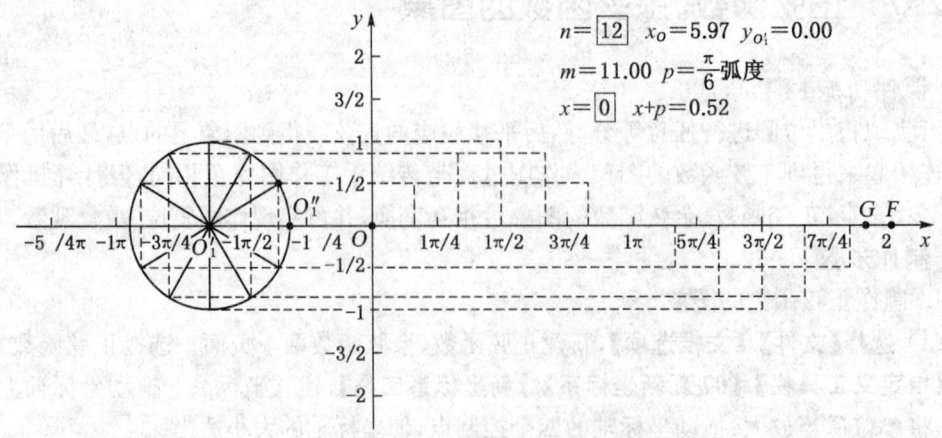

图 2-15 正弦函数的作图情形

(11) 选中点 H,选择【编辑】/【从圆分离点】,再选中点 O'_1,选择【编辑】/【合并点】,将点 H 与点 O'_1 合并,此时 H' 自动变成 O''_1,隐藏点 K、O'_1,隐藏坐标系控制菜单和迭代产生的表格(图2-15)。

(12) 选择【数据】/【计算】,选中 x_G 的标签,选中乘号,选中1弧度,将计算结果的标签改为angle。选中angle标签并将其标记为角度。双击圆心 O_1,将其标记为中心,选中点 O'_1,选择【变换】/【旋转】,将旋转后的点标记为点 M。过 M 点作 x 轴的垂线段 MN,线型为实线、中等,颜色为红色。

(13) 选择【数据】/【计算】,选中函数sin,选中 x_G 的标签,得 $\sin(x_G)$ 的值。选中 x_G 和 $\sin(x_G)$ 的标签,选择【绘图】/【绘制点】,得点 L。构造线段 LG,线型为实线、中等,颜色为红色。

(14) 在线段 OF 上取一点 P,度量点 P 的横坐标 x_P,计算 $\sin(x_P)$。绘制点 $Q(x_P, \sin(x_P))$。依次选中点 P、Q,选择【变换】/【创建自定义变换】,名称取默认值。构造线段 OQ,选择【变换】/【P→Q 的变换】,并将线段 OQ 隐藏。

(15) 依次选中点 O、F,将其标记为向量,依次选中点 G、F。选择【编辑】/【操作类按钮】/【移动】,所得按钮标签改为"移线描点"。依次选中点 P、F,选择【编辑】/【操作类按钮】/【移动】,所得按钮标签改为"平滑连线"。修改点 Q 的标签,输入英文状态下的"!",字型为"windings2",字号为"48",加粗,颜色为深绿色,这时点 Q 的标签为一支画笔。

(16) 依次选中点 G、O,选择【编辑】/【操作类按钮】/【移动】,得"移动 $G→O$"的按钮。依次选中点 P、O,选择【编辑】/【操作类按钮】/【移动】,得"移动 $P→O$"的按钮。选中这两个按钮,选择【编辑】/【操作类按钮】/【系列】,对话框中的选项取默认值,并将所得新按钮的标签改为"作图复位",将两个原按钮隐藏。

(17) 隐藏除等分份数 n 之外的所有度量值,隐藏单位圆与 x 轴的交点,隐藏点 G、L、M、N、P,隐藏 O_1、F 点的标签,将 x 轴和单位圆上迭代所得的点删除(图2-16)。

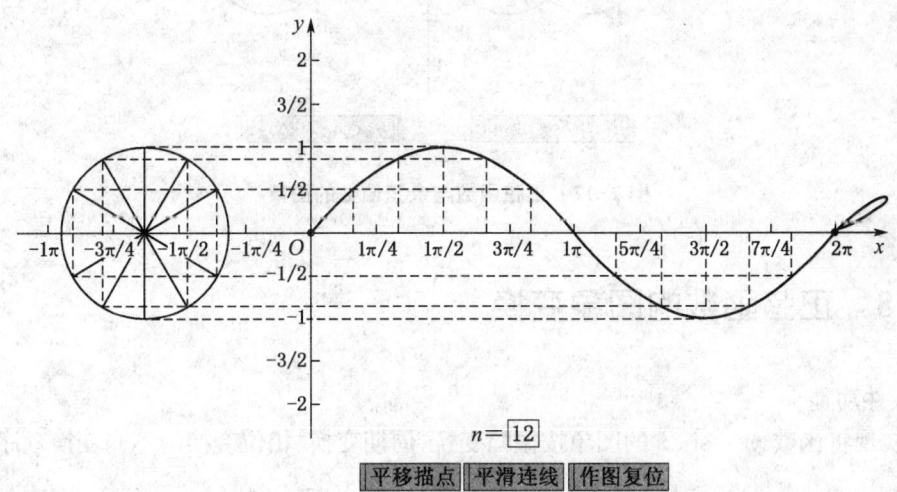

图2-16 描点连线法作正弦曲线

2. 制作余弦函数的图象

(1) 选余弦函数页面,选择【自定义工具栏】/【07 新新坐标系】/【新坐标系工具】,拖动坐标轴上的单位点,将单位适当放大;拖动坐标轴的四个控制点,使坐标轴的大小适当。在窗口左上角的坐标系控制菜单中选中【三角坐标系】,【隐藏网格线】,调整坐标轴刻度线的长短和位置以及坐标轴数字的位置,然后选【隐藏控制点】。

(2) 选择【绘图】/【绘制点】,作出点 $A(-6.28,0)$,$B(6.28,0)$。构造线段 AB,线型选细线,颜色选黑色。在线段 AB 上取一点 C,选择【度量】/【横坐标】,得点 C 的横坐标 x_C。将角度单位设为弧度,计算 $\sin(x_C)$,绘制点 $D(x_C,\sin(x_C))$。选中点 C、D,选择【构造】/【轨迹】,将轨迹线型设为实线,颜色为红色。

(3) 绘制点 $E(-1.57,0)$,构造线段 OE,在 OE 上取一点 F。度量 O、F 两点间的距离和原点与单位点之间的距离,并将前者除以后者,将结果标签改为 x。计算 $-2\pi-x$ 和 $2\pi-x$,绘制点 $G(-2\pi-x,0)$ 和 $H(2\pi-x,0)$,构造线段 GH。

(4) 在线段 GH 上取一点 P,度量 P 点的横坐标 x_P。计算 $\sin(x_P+x)$,绘制点 $Q(x_P,\sin(x_P+x))$。选中点 P、Q,选择【构造】/【轨迹】,将轨迹线型设为实线,颜色为黑色。

(5) 标记向量 OE。依次选中 F、E,选择【编辑】/【操作类按钮】/【移动】,在对话框的移动页面中,速度选"慢速",得"移动 $F{\to}E$"的按钮,并将其标签改为"移动 sinx→cosx"。依次选中 F、O,选择【编辑】/【操作类按钮】/【移动】,在弹出的对话框的移动页面中,速度选"慢速",得"移动 $F{\to}O$"的按钮,并将其标签改为"移动 cosx→sinx"。

(6) 隐藏坐标轴控制菜单和所有度量值标签,隐藏点 C、D、E、F、P、Q,隐藏点 A、B、G、H、O_1 的标签(图 2-17)。

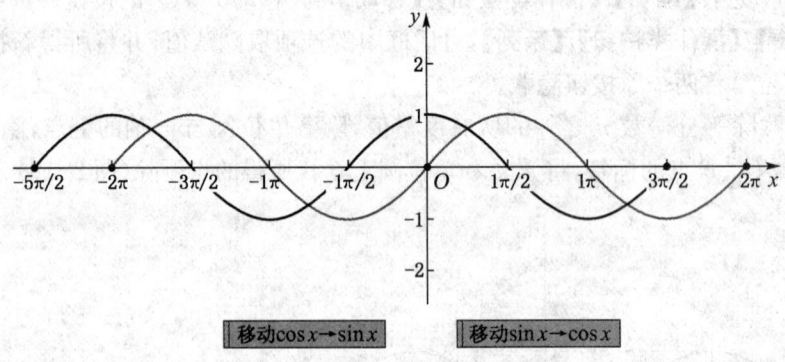

图 2-17 正弦函数与余弦函数的图象

2.8 正弦函数的图象变换

[课件功能]

可实现将函数 $y=\sin x$ 的图象按振幅变换、周期变换、相位变换的不同变换顺序,动态变换得到函数 $y=3\sin\left(2x+\dfrac{\pi}{3}\right)$ 的图象,同时给出了函数 $y=\sin x$ 与函数 $y=A\sin(\omega x+\varphi)$ 图象间的一般变换途径。用本课件演示图象间的变换,生动、形象、直观,便于学生理解掌握函数 $y=A\sin(\omega x+\varphi)$ 的图象及其与函数 $y=\sin x$ 图象间的关系。

[制作步骤]

1. $y=3\sin\left(2x+\dfrac{\pi}{3}\right)$ 与 $y=\sin x$ 图象间的关系

(1) 选择【文件】/【文档选项】,新建 $y=3\sin\left(2x+\dfrac{\pi}{3}\right)$、$y=A\sin(\omega x+\varphi)$ 两个页面。选中 $y=3\sin\left(2x+\dfrac{\pi}{3}\right)$ 页面,选择【自定义工具栏】/【07 新新坐标系】/【新坐标系工具】,拖动坐标轴上的单位点,将单位适当放大;拖动坐标轴的四个控制点,使坐标轴的大小适当。

(2) 在窗口左上角的坐标系控制菜单中选中【三角坐标系】,【隐藏网格线】,拖拉坐标轴两端的绿色控制点,调整坐标轴刻度线的长短和位置以及坐标轴数字的位置。选中 x 轴两端的控制点,构造线段,线型选细线,颜色选黑色。

(3) 选择【编辑】/【参数选项】,将角度的单位设为弧度。绘制 $A(-0.52,0)$,$B(2.62,0)$ 两点,构造线段 AB,线型为细线,颜色为黑色。在线段 AB 上取一点 C,度量点 C 的横坐标,得 x_C 的值,计算 $3\sin\left(2x_C+\dfrac{\pi}{3}\right)$ 的值,绘制点 $G(x_C,y_C)$。选中点 C 和点 G,选择【构造】/【轨迹】,得函数 $y=3\sin\left(2x+\dfrac{\pi}{3}\right)$ 的图象。

(4) 在 x 轴上取两点 D、E,构造线段 DE。度量点 D、E 的横坐标,得 x_D、x_E 的值,选择【数据】/【计算】,输入 $\text{abs}(x_D-x_E)$,计算 $|x_D-x_E|$ 的值,并将计算结果的标签改为 T;计算 $\dfrac{2\pi}{T}$ 的值,将其计算结果的标签改为 ω。在线段 DE 上取一点 F,并度量点 F 的横坐标,得 x_F 的值。

(5) 绘制点 $H(0,3)$,构造线段 OH。在线段 OH 上取一点 I,度量点 I 的纵坐标,得 y_I 的值,并将其标签改为 A。选择【数据】/【计算】,计算 $A\sin(\omega(x_F-x_D))$ 的值,绘制点 $K(x_F,A\sin(\omega(x_F-x_D)))$。选中点 F、K,选择【构造】/【轨迹】,得 x 轴上的、端点为 D、E,可随意移动,振幅为 A,周期为 T 的正弦函数的图象。

(6) 将 y 轴上的单位点的标签记为 J,绘制点 $L(3.14,0)$,$M(-1.05,0)$,$N(6.28,0)$,$P(5.24,0)$。

(7) 依次选中 I、J,选择【编辑】/【操作类按钮】/【移动】,得"移动 $I\to J$"的按钮。依次选中点 D、O,选择【编辑】/【操作类按钮】/【移动】,得"移动 $D\to O$"的按钮。依次选中点 E、N,选择【编辑】/【操作类按钮】/【移动】,得"移动 $E\to N$"的按钮。选中以上三个按钮,选择【编辑】/【操作类按钮】/【系列】,并将所得按钮标签改为"$y=\sin x$",将"移动 $E\to N$"按钮隐藏。

(8) 依次选中点 D、M,选择【编辑】/【操作类按钮】/【移动】,得"移动 $D\to M$"的按钮。依次选中点 E、P,选择【编辑】/【操作类按钮】/【移动】,得"移动 $E\to P$"的按钮。选中以上两个按钮和"移动 $I\to J$"按钮,选择【编辑】/【操作类按钮】/【系列】,并将所得按钮标签改为"$y=\sin\left(x+\dfrac{\pi}{3}\right)$",将"移动 $D\to M$"和"移动 $E\to P$"两个按钮隐藏。

(9) 依次选中点 D、A,选择【编辑】/【操作类按钮】/【移动】,得"移动 $D\to A$"的按钮。依次选中点 E、B,选择【编辑】/【操作类按钮】/【移动】,得"移动 $E\to B$"的按钮。选中以上两个按钮和"移动 $I \to J$"的按钮,选择【编辑】/【操作类按钮】/【系列】,并将所得按钮标签改为" $y = \sin\left(2x + \dfrac{\pi}{3}\right)$ "。

(10) 依次选中点 I、H,选择【编辑】/【操作类按钮】/【移动】,得"移动 $I \to H$"的按钮,选中这个按钮及"移动 $D \to A$"的按钮、"移动 $E \to B$"的按钮,选择【编辑】/【操作类按钮】/【系列】,并将所得按钮标签改为" $y = 3\sin\left(2x + \dfrac{\pi}{3}\right)$ "。

(11) 依次选中点 E、L,选择【编辑】/【操作类按钮】/【移动】,得"移动 $E \to L$"的按钮。选中这个按钮及"移动 $I \to J$"的按钮、"移动 $D \to O$"的按钮,选择【编辑】/【操作类按钮】/【系列】,并将所得按钮标签改为" $y = \sin 2x$ "。

(12) 用文本工具在窗口拖拉出一个矩形框,然后用鼠标单击 $y = \sin x$ 按钮,则文本输入框中自动输入" $y = \sin x$ ",这样单击文本 $y = \sin x$ 等同于单击 $y = \sin x$ 按钮。用同样方法制作 $y = \sin 2x$、$y = \sin\left(x + \dfrac{\pi}{3}\right)$、$y = \sin\left(2x + \dfrac{\pi}{3}\right)$、$y = 3\sin\left(2x + \dfrac{\pi}{3}\right)$ 四个文本按钮,并将原来的操作类按钮全部隐藏。

(13) 隐藏所有度量值。在坐标系控制菜单中,选择【隐藏控制点】,然后隐藏坐标系控制菜单。隐藏点 A、B、D、E 的标签,隐藏点 C、F、G、H、I、K、L、M、N、P。选择【自定义工具】/【箭头工具】/【箭头工具】/【单向箭头(空)】,画五个箭头,与五个文本按钮按如图 2-19 的方式排列放置,最后将每个箭头两端的点隐藏。

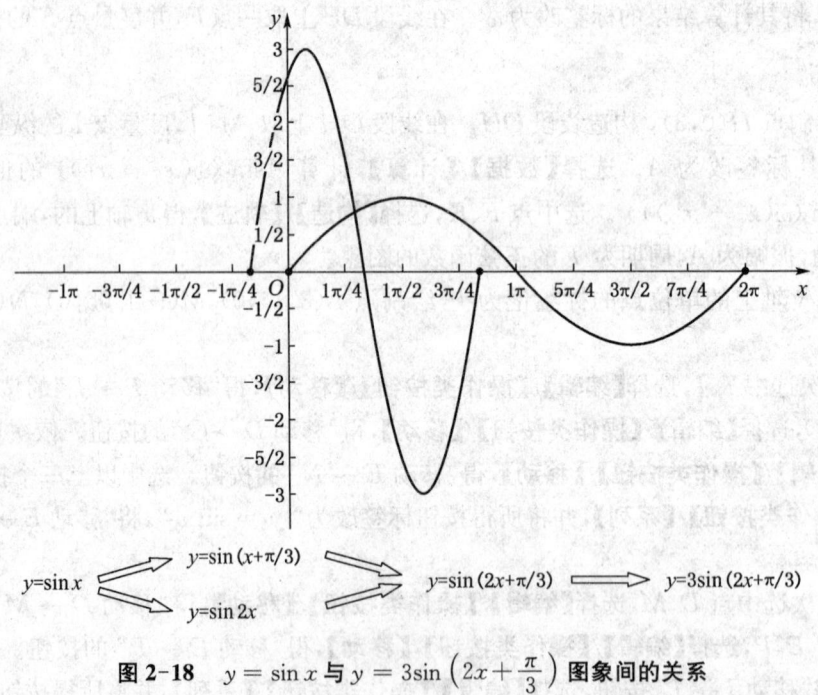

图 2-18 $y = \sin x$ 与 $y = 3\sin\left(2x + \dfrac{\pi}{3}\right)$ 图象间的关系

2. $y = A\sin(\omega x + \varphi)$ 与 $y = \sin x$ 的图象间的关系

(1) 选择 $y = A\sin(\omega x + \varphi)$ 页面,选择【自定义工具栏】/【07 新新坐标系】/【新坐标系工具】,拖动坐标轴上的单位点,将单位适当放大;拖动坐标轴的四个控制点,使坐标轴的大小适当。

(2) 在窗口左上角的坐标系控制菜单中选择【三角坐标系】,【隐藏网格】,拖拉坐标轴两端的绿色控制点,调整坐标轴刻度线的长短和位置以及坐标轴数字的位置。选中 x 轴两端的控制点,构造线段,线型选细线,颜色选黑色。

(3) 在窗口左下角作一水平线段,在线段上取一点,度量这一点与左端点间的距离。选择【数据】/【计算】,将距离除以 1 厘米再加上 0.1,并将计算结果标签改为 A。隐藏线段的端点,并将线段上取的这点标签设为 A。

(4) 在窗口左下角再作一水平线段,在线段上取一点,度量这一点与左端点间的距离。选择【数据】/【计算】,将距离除以 1 厘米再加上 0.25,并将计算结果标签改为 ω。隐藏线段的端点,并将线段上取的这点标签设为 ω(输入{omega})。

(5) 在窗口左下角画一圆,过圆心 B 作 x 轴的平行线,与圆交于一点 C,构造半径 BC。在圆上取一点 D,构造半径 BD。对圆心角 $\angle CBD$ 作上角的标记。选择【编辑】/【参数选项】,将角度单位设为弧度。度量 $\angle CBD$ 的值,并将角度标签改为 φ。将 D 点的标签改为 φ(输入{phi})。隐藏 B、C 两点的标签,隐藏圆上的控制点,隐藏所作 x 轴的平行线。

(6) 绘制点 $E(6.28, 0)$,构造线段 OE。在线段 OE 上取一点 F,度量 F 点的横坐标,得 x_F 的值。计算 $\sin(x_F)$ 值,绘制点 $H(x_F, \sin(x_F))$。依次选中点 F 和 G,选择【构造】/【轨迹】,得正弦函数 $y = \sin x$ 的图象,将图象的线型设成虚线,中等,颜色设为黑色。

(7) 选择【数据】/【计算】,计算 $-\dfrac{\varphi}{\omega}$,$\dfrac{2\pi - \varphi}{\omega}$ 的值,绘制点 $H\left(-\dfrac{\varphi}{\omega}, 0\right)$,$I\left(\dfrac{2\pi - \varphi}{\omega}, 0\right)$,构造线段 HI,线型选细线,颜色选黑色。在线段 HI 上取一点 J,度量 J 的横坐标,得 x_J 的值,计算 $x_J + \dfrac{\varphi}{\omega}$,计算 $A\sin\omega\left(x_J + \dfrac{\varphi}{\omega}\right)$,绘制 $K\left(x_J, A\sin\omega\left(x_J + \dfrac{\varphi}{\omega}\right)\right)$。选中点 J、K,选择【构造】/【轨迹】,得函数 $y = A\sin(\omega x + \varphi)$ 图象,将图象的线型设成实线,中等,颜色为红色。

(8) 选择【数据】/【计算】,将 φ 的值除以 1 弧度,并将结果标签改为 θ(输入{theta})。

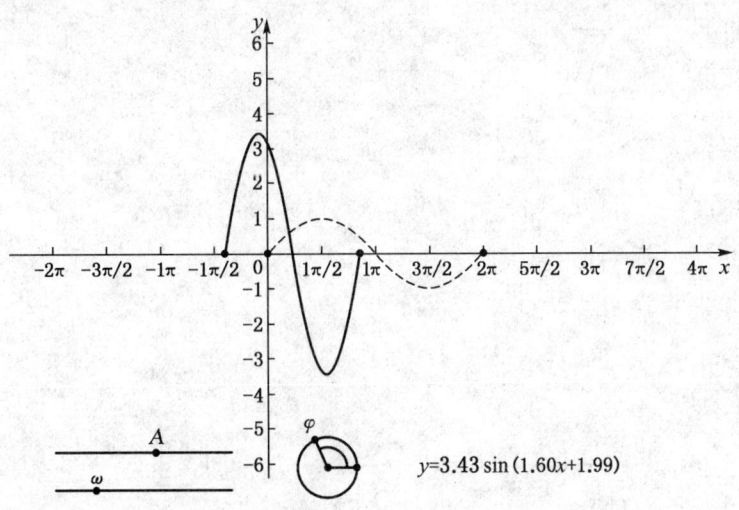

图 2-19　$y = \sin x$ 与 $y = A\sin(\omega x + \varphi)$ 图象间的关系

选择文本工具,输入"y=";选择A,输入"sin(";选择ω,输入"x"。按住"shift"键不放,选择θ,按下鼠标,在出现的提示中,选择符号与数值,输入")"。这样,当A、ω、φ改变时,函数$y=A\sin(\omega x+\varphi)$的解析式也会跟随动态改变。将所有的度量值标签隐藏,隐藏点F、G、J、K,隐藏点E、H、I的标签。在坐标系控制菜单中选择【隐藏控制点】,然后隐藏坐标系控制菜单(图2-19)。

3. 文件打包

几何画板5.06中文版提供了打包功能,选择【帮助】/【打包机】,在弹出的对话框中(图2-20),输入源文件文件名和打包的EXE文件名,或按输入框右边的按钮,在弹出的对话框中选择要打包的文件,打包的路径和文件名与源文件默认相同。不勾选"隐藏标题栏",其余选项均可取默认值,单击"打包"按钮即可完成打包工作。

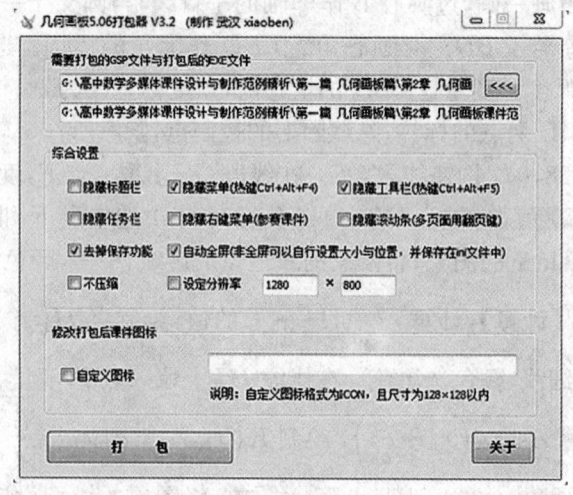

图2-20 打包对话框

第二篇　Authorware 篇

Authorware 7.02 是由美国 Macromedia 公司推出的一款使用广泛、易学易用、交互性强、面向对象，以图标流程线逻辑为主导，以函数变量为辅助，以动态链接库(DLL)为扩展机制的多媒体工具软件。它允许开发者使用文字、图片、动画、声音、数字电影等素材来创作交互式的多媒体应用软件，即使编程能力不高的教师也能快速制作一个多媒体课件。Authorware 软件最大的特点是在其工作窗口提供了 14 个设计图标，这些图标的功能涵盖了整个多媒体的制作，将编制多媒体所需的所有程序语言都用图标的形式来代替，用户只需将图标拖到流程线上，双击图标对其进行编辑，便可完成程序的编制，用这 14 个图标编辑制作的作品效果往往连一些专业编程语言都望尘莫及。Authorware 完全从多媒体软件的角度出发，提供了强大的人机交互功能。它专门提供了一个交互图标，拥有按钮响应、热区响应、按键响应、下拉菜单响应、输入文本响应、时间限制响应等，我们可以按自己的需要进行任意组合，使自己的多媒体作品的交互方式拥有自己独特的风格。另外，Authorware 还提供了许多系统变量和函数以及一些基本的算法语句，为用户创作复杂的多媒体作品提供了方便。由于 Authorware 的以上这些优点，使其能在众多的多媒体制作软件中脱颖而出。但需要提醒读者注意的是，Authorware 作为一个著名的多媒体应用程序开发工具，虽然具有一定的文本、图形、图像和声音等编辑加工功能，但这些不是该软件的主要功能。该软件主要承担多媒体素材的集成和组织工作，它可以将 3D MAX、COOL3D、Photoshop、Flash 和 Director 等软件制作的素材和作品集成起来，以创作出更具专业水准的多媒体作品。

第 3 章　Authorware 7.02 中文版的基本操作

3.1　Authorware 7.02 中文版的启动与界面介绍

安装 Authorware 7.02 中文版后，在桌面上双击相应的图标，即可启动 Authorware 7.02 中文版。窗口界面中，在"请选取知识对象创建新文件"对话框中选"不选"或"取消"按钮，则进入编辑窗口。

如图 3-1 所示,操作界面由五个部分组成,分别是标题栏、菜单栏、工具栏、图标面板和工作窗口。现将各种图标及其功能介绍如下:

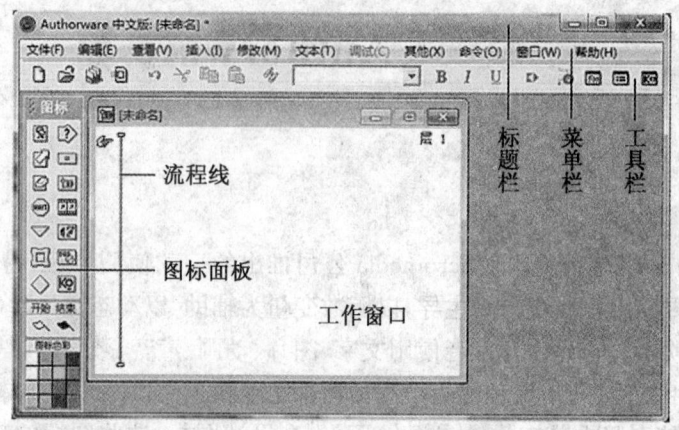

图 3-1　Authorware 7.02 的编辑窗口

1. 显示(display)图标

用于显示文字、图像。它是 Authorware 中使用最频繁的图标,它不仅能显示文本和图像,而且有十分丰富的过渡效果。

2. 移动(motion)图标

用于移动显示对象,生成动画效果。

3. 擦除(erase)图标

用于擦除屏幕上显示的对象。

4. 等待(wait)图标

用于在程序中设置等待。

5. 导航(navigate)图标

用于在框架程序结构中实现跳转,相当于 goto 语句。

6. 框架(frame)图标

用于建立页面系统和超文本的复合图标。

7. 决策(decision)图标

控制程序流程的跳转,相当于 if…then 语句。

8. 交互(interactive)图标

用于在程序中建立交互型多分支程序结构。

9. 计算(calculate)图标

用于导入函数、设计变量和编写程序代码。

10. 群组(map)图标

用于将一组图标组合成一个组合图标。

11. 数字电影(digital movie)图标

用于导入 avi、mpg 等格式的数字电影。

12. 声音(sound)图标

用于导入 wav、mp3、swa、vox 等格式的声音文件。

13. DVD(video)图标

用于控制视频设备的播放。

14. 知识对象(knowledge objects)图标

实现的是用户在编程中可能经常使用的一些程序功能。如创建一个打开或保存文件的对话框,创建一个退出课件运行的对话框等(图 3-2)。

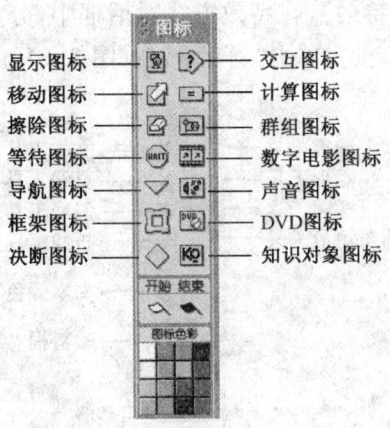

图 3-2　Authorware 7.02 的图标

3.2　设置文件属性、显示图标、声音图标

实例 1　课件《圆的标准方程》的片头。

[**制作步骤**]

1. 新建一个文件,选择【修改】/【文件】/【属性】,背景色选蓝色,大小选 800×600,选项中只勾选屏幕居中(图 3-3)。

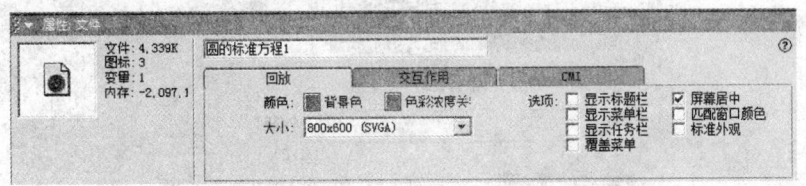

图 3-3　文件属性对话框

2. 拖动一个显示图标到流程线上,图标名为"背景"。双击显示图标,选择【插入】/【图象】,在对话框中单击"导入"按钮,将文件夹 3.2 中的背景图片插入(图 3-4)。

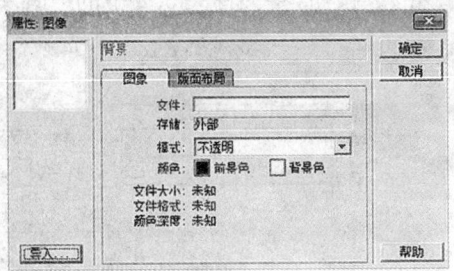

图 3-4　插入图象对话框

3. 拖动一个显示图标到流程线上,图标名为"课件名"。双击显示图标,在工具箱(图 3-5)中选择文本工具,输入:"圆的标准方程",选择【文本】/【字体】,选择华文新魏,选择【文本】/【大小】。字号为 72,文本颜色为黄色,并选择透明。选中输入的文本,选择【编辑】/【复制】;再选择【编辑】/【粘贴】,只选中粘贴的文本,设置颜色为红色,并将红色字移到黄色字的上面稍偏移一些,这样就能模拟立体字的效果。选中"课题名"图标,选择【修改】/【图标】;或单击鼠标右键,选择【特效】,在特效方式对话框中,分类选择"DmXP 过渡",特效选择"激光展示 1",周期选择"2 秒",单击"确定"按钮(图 3-6)。

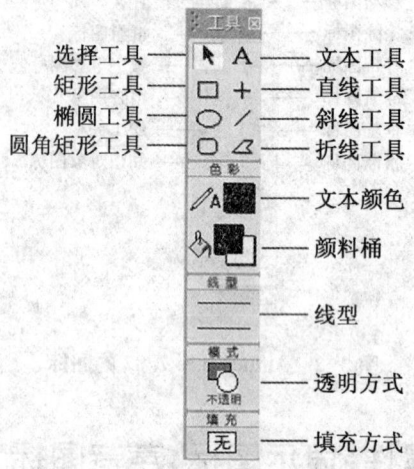

图 3-5　工具箱

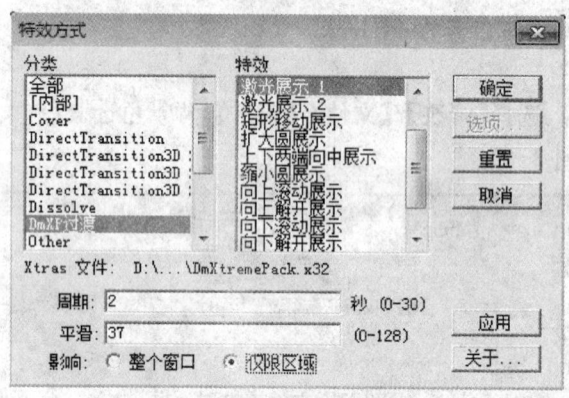

图 3-6　特效方式对话框

4. 拖动一个声音图标到流程线上,图标名为"音乐"。双击图标,在出现的声音图标属性对话框(图 3-7)中,单击"导入"按钮,将文件夹 3.2 中的声音文件 bgmusic.mp3 导入。在

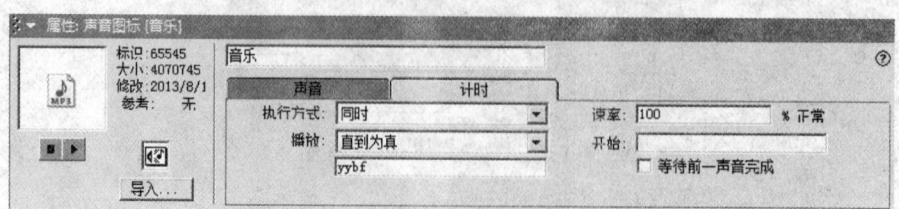

图 3-7　声音导入对话框

计时页面中,执行方式选"同时",播放选"直到为真",在文本框中输入变量 yybf。在弹出的变量初值对话框中,设置初值为 0 或为 false,即当变量 yybf 的值为 1 或 true 时停止播放,值为 0 或 false 时播放音乐。最后保存文件,运行测试。

3.3 群组图标,按钮响应

实例 2 课件《圆的标准方程》的按钮响应结构设计。

[制作步骤]

1. 打开光盘文件夹 3.2 中的文件"圆的标准方程 1.a7p",拖动一个交互图标到流程线上,再拖动一个群组图标到交互图标的右侧,在交互类型对话框中选择按钮响应(图 3-8),单击"确定"按钮,将群组图标命名为"背景音乐"。

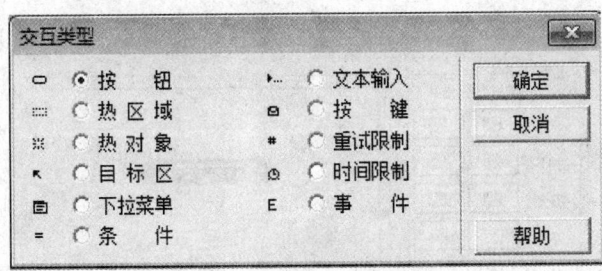

图 3-8 交互类型对话框

2. 双击"背景音乐"群组图标上的按钮标记,在按钮的属性对话框中,鼠标选手形光标(图 3-9)。

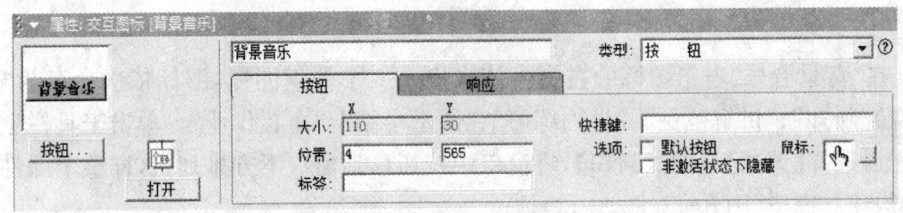

图 3-9 按钮的属性对话框

单击左下角的"按钮…",在弹出的按钮对话框中单击"添加"按钮(图 3-10),在弹出的按钮编辑对话框的常规列中选中"未按",然后单击图案下拉框右边的"导入"按钮,导入文件夹 3.3 中的"按钮 1.bmp"图片;在标签下拉框中选"显示卷标"。在常规列中选中"按下",然后单击图案下拉框右边的"导入"按钮,导入文件夹 3.3 中的"按钮 2.bmp"图片。在常规列中选中"在上",然后单击图案下拉框右边的"导入"按钮,导入文件夹 3.3 中的"按钮 3.bmp"图片,然后单击声音下拉框右边的"导入"按钮,导入文件夹 3.3 中的声音文件"badukx.wav"(图 3-11)。单击"确定"按钮返回最上层,至此我们定制了一个动态的并有音效的按钮。

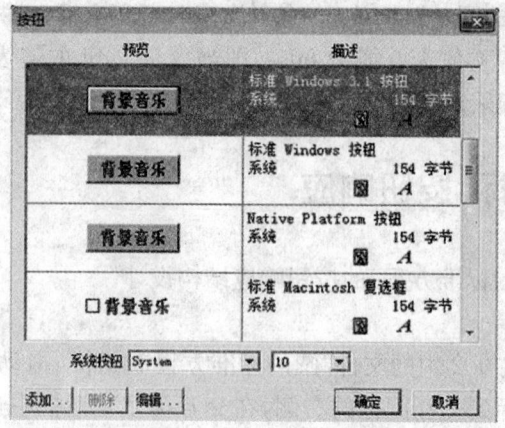

图 3-10　按钮对话框

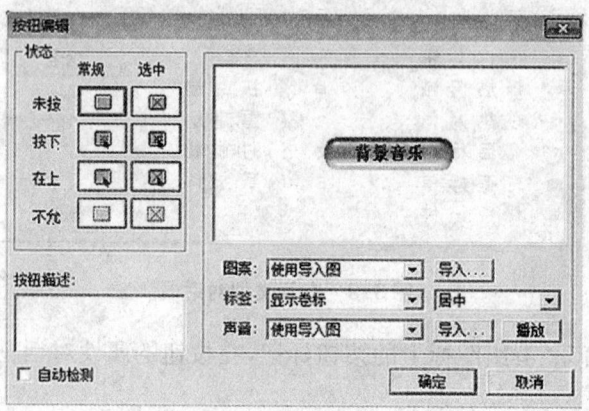

图 3-11　按钮编辑对话框

3. 在"背景音乐"群组图标的右侧再依次拖入 6 个群组图标，图标依次命名为"复习引入"、"探究新知"、"讲解范例"、"巩固练习"、"课堂小结"、"布置作业"。单击工具栏上的运行按钮，然后选择【调试】/【调试窗口】，将窗口中按钮移到窗口下方排列，这样整个课件的外层框架结构建立完毕（图 3-12、图 3-13）。

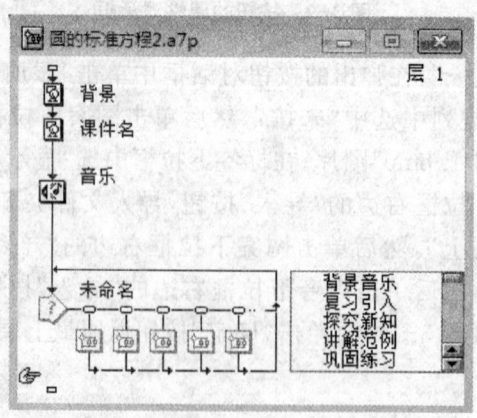

图 3-12　"圆的标准方程"按钮响应结构流程图

图 3-13 课件"圆的标准方程"课件封面

3.4 计算图标、等待图标、擦除图标、热对象响应

实例 3 课件《圆的标准方程》的"背景音乐"和"复习引入"模块的制作。

[制作步骤]

1. 打开光盘文件夹 3.3 中的文件"圆的标准方程 2.a7p",双击"背景音乐"群组图标,拖动一个计算图标到流程线上,图标命名为"音乐开关"。双击计算图标,输入以下语句:

$$yybf:=\sim yybf$$
$$MediaPlay(IconID@"音乐")$$

第 1 句是使变量 yybf 取相反的值,原来为 false,执行后变为 true;第 2 句是播放音乐图标中的背景音乐,若已在播放,则重启。

2. 双击"复习引入"群组图标,拖动一个显示图标到流程线上,图标命名为"教学背景"。双击图标,选择【插入】/【图片】,导入文件夹 3.4 中的"背景 2.jpg"图片。

3. 拖动一个显示图标到流程线上,图标命名为"返回文字"。双击图标,用文本工具输入返回,并将其移至窗口左下角位置。字体设为黑体,字号为 14,颜色为红色。拖动一个显示图标到流程线上,图标命名为"退出文字"。双击图标,用文本工具输入退出,字体设为黑体,字号为 14,颜色为红色,并将文字移到窗口右下角位置。

4. 拖动一个交互图标到流程线上。拖动一个计算图标到交互图标的右侧,交互响应选择热对象,计算图标命名为"返回",双击"返回"图上方的热对象标志,在弹出的属性对话框中,鼠标选手形光标,在响应页面中,范围勾选永久,分支选择返回(图 3-14);用鼠标单击返回文字,属性对话框左上角出现"返回"字样。拖动一个计算图标到"返回"计算图标的右侧,图标命名为"退出",双击"退出"上方的热对象标志,单击退出文字,属性对话框左上角出现"退出"字样。若不出现相应文字,可先运行程序,待出现"退出"文字后,选择【调试】/【调试窗口】,然后双击热对象标志,再单击相应的文字。

5. 双击"返回"计算图标,输入:GoTo(IconID@"背景");双击退出计算图标,输入:Quit(1)。

6. 拖动一个显示图标到流程线上，图标命名为"问题一"，输入："问题一：已知隧道的截面是半径为 4m 的半圆，车辆只能在道路中心线一侧行驶，一辆宽为 2.7m、高为 3m 的货车能不能驶入这个隧道？"字体选宋体，字号选 24，颜色为黑色，并设置为透明。选中该图标，单击鼠标右键，选择【特效】，在特效对话框中分类选"淡入淡出"，特效选"向右"。

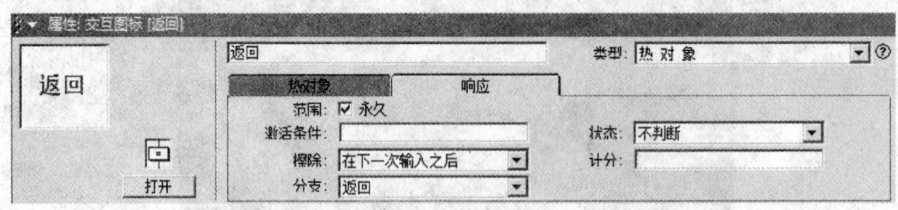

图 3-14 热对象属性设置对话框

7. 拖动一个等待图标到流程线上。双击等待图标，在图标属性对话框，事件项中勾选"单击鼠标"和"按任意键"，选项中去掉"显示按钮"前的勾选（此项一般不选，下面不再一一说明）。

8. 复制"问题一"显示图标，在等待图标下单击一下鼠标，然后单击鼠标右键选择"粘贴"，将图标名改为"引导"。双击该图标，将原问题一的文字拖到原文字下方，然后用文本工具将原文字删除，并重新输入："求曲线方程的一般步骤是什么？如何求这个半圆的方程？"（这样的好处在于图标的有关特效和文字的相关属性不必重新设置）

9. 框选等待图标和"引导一"显示图标，复制并粘贴到下面的流程线上，并将显示图标名改为"答案"，将原图标内文字删除，并重新输入："求曲线方程的一般步骤是：建系，设点，列式，代换，化简，证明。"和"以这个半圆的圆心为原点，半圆直径所在的水平直线为 x 轴建立直角坐标系，设 $M(x,y)$ 为半圆上的任一点，根据 $OM = 4$，列式，建立半圆的方程。"

10. 拖动一个擦除图标到流程线上，图标命名为"擦除引导、答案"。单击工具栏上的运行按钮，单击"复习引入"按钮。当运行到这个擦除图标时，它将等待用户指定擦除目标。在窗口下方擦除图标属性对话框中，点选"特效"按钮，选择向左淡入淡出特效，然后选中窗口中引导和答案两个显示图标中的文字，将其擦除。

11. 拖动一个显示图标，图标命名为"解答"。用工具箱中的画直线工具画两条互相垂直的线段，线型选择单向箭头（向右）；按住"shift"键不放，用画椭圆工具画一个圆，移动圆使圆心与原点重合。用文本工具给圆心、横轴、纵轴标上字母 O, x, y，用画斜线工具画一条半径 OM，M 位于上半圆周上。用鼠标框选坐标轴和所标字母，选择【修改】/【群组】，将其组合为一个整体。

12. 选择【插入】/【OLE 对象】，插入"Microsoft 公式 3.0"公式编辑器，输入以下内容："设 $M(x,y)$，$\because OM = 4$，$\therefore \sqrt{x^2+y^2} = 4(y \geqslant 0)$，$\therefore y = \sqrt{16-x^2}$，当 $x = 1.35$ 时，$y \approx 3.77(\text{m})$，所以货车能够通过。"将"解答"显示图标的特效设为"向右淡入淡出"。

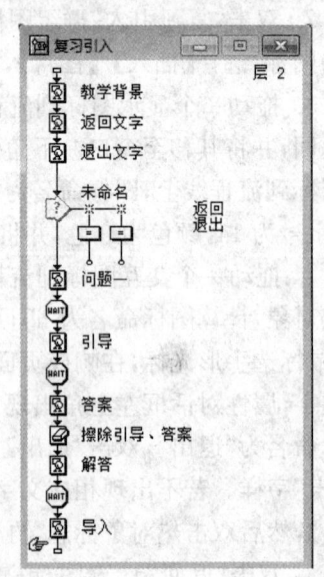

图 3-15 "复习引入"模块流程图

13. 拖动一个等待图标到流程线上,事件选"单击鼠标"和"按任意键"。拖动一个显示图标到流程线上,图标命名为"导入",双击"导入"显示图标,输入:"今天我们进一步学习圆心在 $C(a,b)$,半径为 r 的圆的方程",将此显示图标的特效设为"向右淡入淡出"。

14. 其他模块内的内容可将"复习引入"模块内的图标进行复制,其中前面 4 个图标不变,后面的图标可根据具体模块内容进行修改、删除、添加。最后保存文件,运行测试。

3.5 热区域响应、菜单响应

实例 4 课件《圆的标准方程》的热区域响应、菜单响应结构设计。

[制作步骤]

1. 打开光盘文件夹 3.2 中的文件"圆的标准方程 1.a7p",选择【修改】/【文件】/【属性】,在属性对话框中,勾选"显示标题栏"、"显示菜单栏"、"匹配窗口颜色"。双击"背景"显示图标,输入文字"音乐",字体为黑体,字号为 14,颜色为红色,并将其移到背景图片左下角的位置。

2. 在"音乐"图标下面,拖入一个交互图标,在交互图标右侧拖出一个计算图标,交互类型选择"热区域响应",计算图标命名为"音乐开关"。

3. 双击"背景音乐"群组图标上方的小长方形,在属性对话框中,鼠标选手形光标;在响应页面中,范围勾选永久,分支选返回。拖动窗口中的"背景音乐"虚线小长方形,将其放到窗口下方背景音乐的文字上面(图 3-16)。

图 3-16 热区域响应设置

4. 双击计算图标,输入以下语句:

$$yybf:=\sim yybf$$
$$MediaPlay(IconID@"音乐")$$

5. 拖动一个交互图标到流程线上,交互图标命名为"教学过程"。拖动一个群组图标到交互图标右侧,在交互类型对话框中选"下拉菜单",图标命名为"复习引入",再依次拖动五个群组图标到"复习引入"群组图标的右侧,图标名依次命名为"探究新知"、"讲解范例"、"巩固练习"、"课堂小结"、"布置作业"。这样课件运行后,在演示窗口菜单栏有系统默认文件菜单和自定义教学过程菜单,文件菜单下只有一个菜单项"退出",教学过程菜单下有"复习引入"等 6 个菜单项。保存文件。

6. 打开文件夹 3.4 中的"圆的标准方程 3.a7p",打开"复习引入"模块,选中流程线上除"返回文字"、"退出文字"两个显示图标和交互图标外的所有图标,选择【编辑】/【复制】;再打开 3.5 文件夹中的"圆的标准方程 4.a7p",打开"复习引入"模块,选择【编辑】/【粘贴】,这样

"复习引入"模块制作完毕。其余模块同样填入相应的内容即可。最后保存文件,运行测试(图 3-17)。

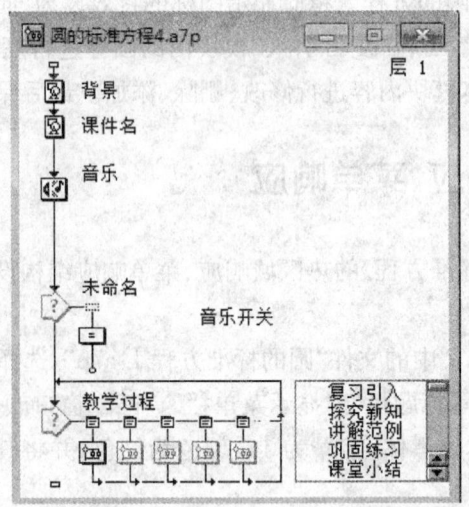

图 3-17 "圆的标准方程"菜单响应与热区域响应结构流程图

3.6 框架图标、导航图标

实例 5 课件《棱柱、棱锥、棱台》的框架与导航设计。

[制作步骤]

1. 新建一个文件,拖动一个显示图标到流程线上,图标命名为"背景"。双击显示图标,导入光盘文件夹 3.6 中的图片"背景 3.jpg"。

2. 拖动一个框架图标到流程线上,命名为"棱柱棱锥棱台"。拖动一个显示图标到框架图标右侧,图标命名为"图 1",输入"空间图形与我们的生活息息相关",字体设为隶书,字号为 18,颜色为红色,再导入光盘文件夹 3.6 中的图片"t1.jpg",特效设为 Cover Down—Left。复制"图 1"显示图标,在其右边粘贴三次,图标依次命名为图 2、图 3、图 4,再依次双击打开,删除原图标中的图片,文字保留,分别将光盘文件夹 3.6 中的图片 t2.jpg、t3.jpg、t4.jpg 导入,特效分别设为 Cover Down—Right,Cover Left,Cover Right(图 3-18)。

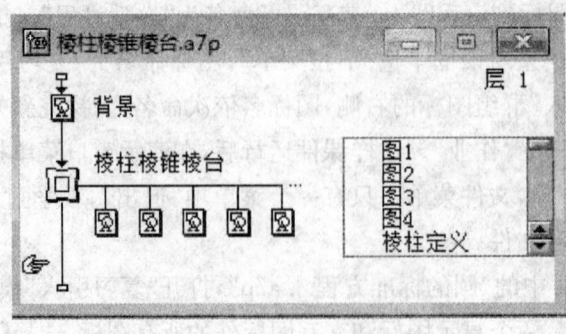

图 3-18 棱柱棱锥棱台外层结构流程图

3. 在"图4"图标的右侧依次拖入13个图标,图标分别命名为棱柱的定义、棱柱的元素、棱柱的表示、棱柱的分类、棱柱的性质、棱锥的定义、棱锥的元素、棱锥的表示、棱锥的分类、棱台的定义、棱台的元素、棱台的表示、棱台的分类,给这些图标分别输入相关的内容,并设置相关的显示特效。

4. 双击框架图标,删除 Gray Navigation Panel 显示图标,在交互图标右侧只保留 Previous page、Next page 两个导航按钮,将其余的导航按钮全部删除。双击 Previous page 导航按钮上方的按钮标志,在按钮属性对话框中,鼠标选手形光标,单击左下角的"按钮…",在弹出的按钮对话框中选左下角的"添加"按钮。在弹出的按钮编辑对话框中,在常规列中选中"未按",然后单击图案下拉框右边的"导入"按钮,导入光盘文件夹 3.6 中的"left1.jpg"图片;在常规列中选中"按下",然后单击图案下拉框右边的"导入"按钮,导入光盘文件夹 3.6 中的"left2.jpg"图片。单击声音下拉框右边的"导入"按钮,导入光盘文件夹 3.6 中的声音文件"zr445.wav"。单击"确定"按钮返回最上层,至此我们定制了一个动态并有音效的"Previous page"按钮,将此按钮与背景下面的图片重合。同样的方法编辑"Next page"按钮,相关图片在光盘文件夹 3.6 中(图 3-19)。

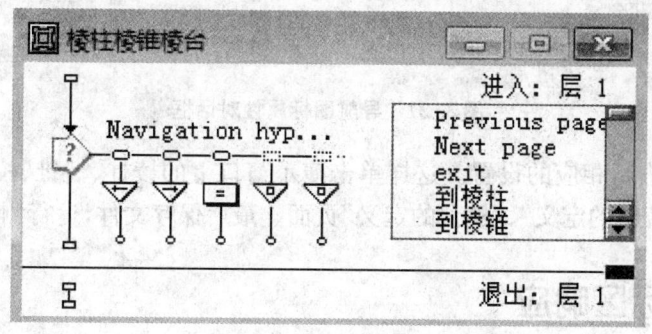

图 3-19 框架图标中导航按钮的设置

5. 拖动一个计算图标到交互图标的最右边,图标命名为"exit"。双击按钮标记,在按钮属性对话框中,鼠标选手形光标,单击左下角的"按钮…",在弹出的按钮对话框中选左下角的"添加"按钮。在弹出的按钮编辑对话框中,在常规列中选中"未按",然后单击图案下拉框右边的"导入"按钮,导入光盘文件夹 3.6 中的"exit1.jpg"图片;在常规列中选中"按下",然后单击图案下拉框右边的"导入"按钮,导入光盘文件夹 3.6 中的"exit2.jpg"图片。单击声音下拉框右边的"导入"按钮,导入光盘文件夹 3.6 中的声音文件"zr445.wav",单击"确定"按钮返回最上层,并使此按钮与背景右下角图片重合。双击计算图标,输入"Quit(1)"。

6. 拖动一个导航图标到交互图标右边,图标命名为"到棱柱"。双击按钮响应标志,在交互图标属性框的类型下拉框中选中热区域。双击热区域响应标志虚线小长方形,在调试状态下将窗口中虚线小长方形盖在背景图片上方的"棱柱"两字的上面(图 3-20)。

7. 双击"到棱柱"这个导航图标,在属性对话框的目的地下拉框中选择"任意位置",页列表框中选择"棱柱定义"(图 3-21)。

8. 拖动两个导航图标到交互图标的右侧,图标分别命名为"到棱锥"与"到棱台",用步

图 3-20　课件棱柱棱锥棱台的界面设计

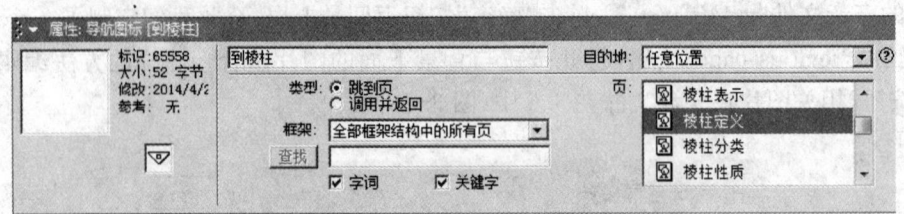

图 3-21　导航图标属性对话框

骤 6、7 中的方法进行相应的设置。这样单击演示窗口上的棱柱、棱锥、棱台将分别导航到"棱柱的定义"、"棱锥的定义"、"棱台的定义"页面。最后保存文件,运行测试。

3.7　目标区响应

实例 6　三视图练习题设计。

［制作步骤］

1. 新建一个文件。拖动一个显示图标到流程线上,图标命名为"背景"。双击显示图标,导入光盘文件夹 3.4 中的图片"背景 2.jpg"。

2. 在流程线上再拖出三个显示图标,图标分别命名为"几何体 1"、"几何体 2"、"几何体 3"。在三个显示图标中分别画如图 3-25 所示从左到右的三个几何体,或直接打开光盘文件夹 3.7 中的源程序文件,选中相关显示图标中的图片复制粘贴过来。

3. 拖动一个显示图标到流程线上,图标命名为"三视图",输入题目:"请将下列几何体拖到相应的一个三视图上",并画如图 3-23 所示的一个"左视图",一个"主视图",一个"俯视图"。

4. 拖动一个交互图标到流程线上。拖动一个群组图标到交互图标的右侧,交互类型选目标区,图标命名为"图 1"。双击群组图标上方的目标区响应标志,在属性对话框目标区页面的"放下"下拉框中选"在中心定位",在响应页面"状态"下拉框中选"正确响应"(图 3-22)。用鼠标单击编辑窗口中的几何体 1,此时属性对话框左上角出现几何体 1 形状,说明已经选中移动对象。将窗口几何体 1 上的虚线正方形拖到主视图上面,拖拉虚线正方形四周的控制点,使其正好覆盖主视图(图 3-23)。

5. 双击"+图 1"群组图标,拖动一个显示图标到流程线上,图标命名为"答对提示"。双

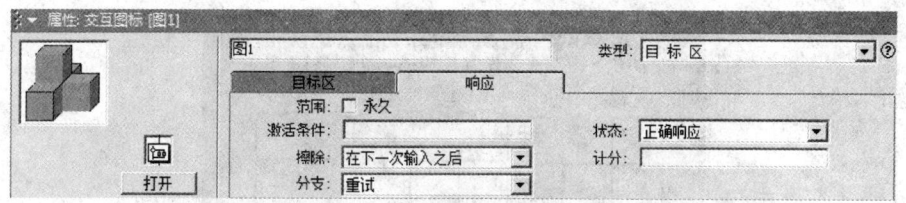

图 3-22 目标响应属性对话框

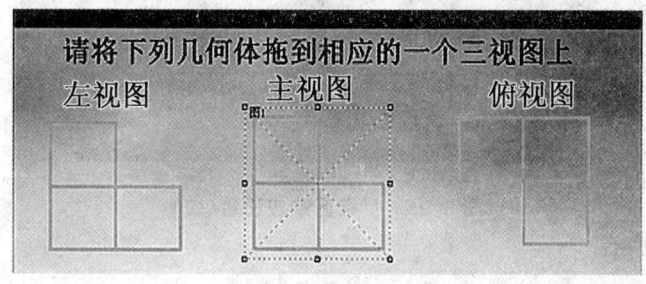

图 3-23 目标区响应设置(一)

击显示图标,输入"恭喜你,答对了!"字体为华文新魏,字号 24,颜色选红色。拖动一个声音图标到流程线上,图标命名为"答对声效",并导入光盘文件夹 3.7 中的声音文件"clapping.wav"。

6. 拖动一个群组图标到交互图标的右侧,图标命名为"图 1",双击这个图标上方的目标响应标志,在属性对话框目标区页面的"放下"下拉框中选"返回",在响应页面"状态"下拉框中选"错误响应"。用鼠标单击编辑窗口中的几何体 1,此时属性对话框左上角出现几何体 1 形状,说明已经选中移动对象,再拖拉虚线正方形四周的控制点,使其正好覆盖演示窗口。

7. 双击"-图 1"群组图标,拖动一个显示图标到流程线上,图标命名为"答错提示",双击显示图标,输入"答错了,再试一次!"字体为华文新魏,字号 24,颜色选红色。拖动一个声音图标到流程线上,图标名为"答错声效",并导入光盘文件夹 3.7 中的声音文件 chord.wav。拖入四个群组图标到交互图标右侧,用相同的方法分别对几何体 2 和几何体 3 进行设置,这样当几何体拖到正确的三视图上时,出现正确提示并停留在三视图上,当拖到别处时,则出现错误提示,并返回原来的位置。最后保存文件,运行测试(图 3-24、图 3-25)。

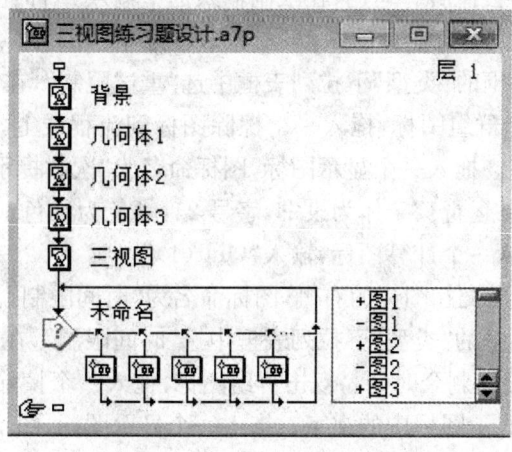

图 3-24 三视图练习题设计流程图

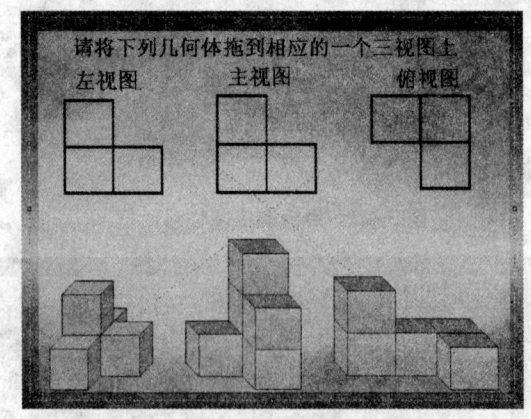

图 3-25　目标区响应设置(二)

3.8　文本输入响应、重试限制响应、时间限制响应

实例 7　给课件《棱柱棱锥棱台》设置密码输入功能。
[制作步骤]

1. 打开光盘文件夹 3.7 中的文件"棱柱棱锥棱台.a7p",拖入一个显示图标到流程线上,插在背景显示图标的下方,图标命名为"输入密码"。双击图标输入:"请输入密码",字体为隶书,字号 24,颜色设为黄色。

2. 拖入一个交互图标到流程线上。拖入一个群组图标到交互图标右侧,类型选输入文本,图标命名为"abc123",注意这个图标名就是要设置的密码。双击文本输入响应标志,在属性对话框响应页面的"分支"下拉框中选"退出交互"。

3. 拖入一个群组图标到交互图标的右侧,图标命名为" * "。注意,当输入密码不正确时,均执行这个群组图标里的内容。双击文本输入响应标志,在属性对话框响应页面的"分支"下拉框中选"重试"。双击群组图标,拖入一个显示图标到流程线上,图标命名为"重输提示",输入"密码不正确,请重新输入!"字体为隶书,字号 24,颜色设为红色。拖入一个等待图标,在其属性对话框中去掉所有勾选,在限制输入框中输入 2,即让提示等待 2 秒。

4. 拖入一群组图标到交互图标的右侧,图标命名为"限制 3 次"。双击文本输入响应标志,在交互图标属性对话框的"类型"下拉列表框中选"重试限制",在重试限制页面的最大限制输入框中输入 3。双击群组图标,拖入一个擦除图标到流程线上,用于擦除前面的"重输提示"显示图标中的文字。拖入一个显示图标,图标命名为"次数提示",输入"您已输了 3 次密码,均不正确,退出课件运行!"字体为隶书,字号 24,颜色为红色。拖入一个等待图标,设置等待时间为 2 秒。拖入一个计算图标,输入"Quit(1)"。

5. 拖入一群组图标到交互图标的右侧,图标命名为"时间限制"。双击重试限制响应标志,在交互图标属性对话框的"类型"下拉列表框中选"时间限制",在时间限制页面的"时限"输入框中输入 15,勾选显示剩余时间。双击群组图标,拖入一个擦除图标到流程线上,用于擦除前面的"重输提示"显示图标中的文字。拖入一个显示图标,图示命名为"时间提示",输入"密码输入时间已超过 15 秒,退出课件运行!"字体为隶书,字号 24,颜色为红色。拖入一个等待图标,设置等待时间为 2 秒。拖入一个计算图标,输入"Quit(1)"。

6. 拖入一个擦除图标到流程线上交互图标的下面,用于擦除"输入密码"显示图标中的文字。单击工具栏运行按钮,运行课件。选择【调试】/【调试窗口】,运行到擦除图标时,选择要擦除的文字。调整窗口中相关文字的位置,选中文本输入框,设置其输入文本大小为 24 号,将显示剩余时间的闹钟标志放在密码输入框的右边。最后保存文件,运行测试(图 3-26)。

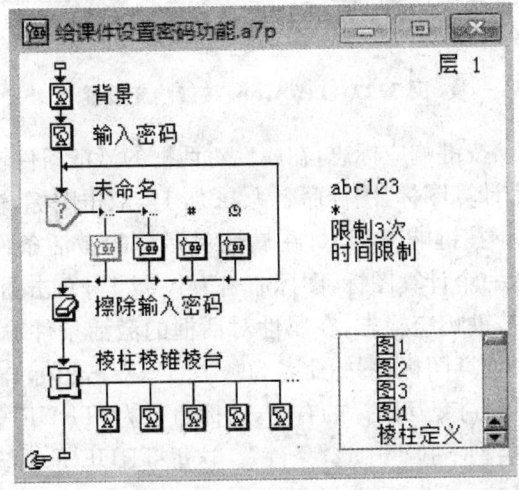

图 3-26　课件密码设置流程图

3.9　按键响应、条件响应、移动图标

实例 8　有一个小球从 4×4 方格的左下角移到右上角共有多少种不同的移动路径? 制作一个辅助教学的积件。

[制作步骤]

1. 新建一个文件。选择【修改】/【文件】/【属性】,在属性对话框中,只勾选"显示标题栏"、"屏幕居中",窗口大小选 512×384,颜色选蓝色。拖入一个计算图标到流程线上,图标命名为"定义变量",双击计算图标,输入:

$$x:=1$$
$$y:=1$$

2. 拖入一个显示图标到流程线上,图标命名为"方格",双击显示图标,用画直线工具画一个 4×4 的方格。用鼠标框选方格中的线段,选择【修改】/【群组】,将它们组合成一个整体。选中表格,选择工具箱中带铅笔图案的文本着色工具,选黄色。

3. 拖入一个显示图标到流程线上,图标命名为"小球"。双击图标,按住"shift"键不放,用画椭圆工具画一个圆,颜色设为红色,并将其移至左下角的小方格内。

4. 拖入一个交互图标到流程线上。拖入一个群组图标到交互图标的右侧,在类型对话框中选"按键",图标命名为"LeftArrow",注意大小写。这是一个系统变量,代表"←"键。双击按键响应标志,在弹出的属性对话框的响应页面的分支下拉框中选"继续",在激活条件输入框中选输入"x>=2"(图3-27)。双击群组图标,拖入一个计算图标,图标命名为"x减1",双击计算图标,输入"x:=x-1"。拖入3个群组图标,图标分别命名为RightArrow、DownArrow、UpArrow。

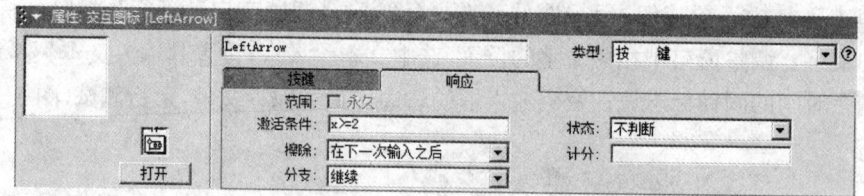

图3-27 LeftArrow 按键响应设置

5. 双击 RightArrow 按键响应标志,在属性对话框的激活条件输入框中输入"x<=3"。双击群组图标,拖入一个计算图标,图标命名为"x加1",双击图标,输入"x:=x+1"。

6. 双击 DownArrow 按键响应标志,在属性对话框的激活条件输入框中输入"y>=2"。双击群组图标,拖入一个计算图标,图标命名为"y减1",双击图标,输入"y:=y-1"。

7. 双击 UpArrow 按键响应标志,在属性对话框的激活条件输入框中输入"y<=3"。双击群组图标,拖入一个计算图标,图标命名为"y加1",双击图标,输入"y:=y+1"。

8. 拖入一个群组图标到交互图标的右侧,图标命名为"TRUE",双击按键响应标志,在交互按钮属性对话框的类型下拉框中选"条件"。这里 TRUE 是系统变量,将条件响应设为恒真,而前面的几个按键响应的返回路径为"继续",两者配合可让程序每执行完按键响应后都执行这个恒真的条件响应(图3-28)。

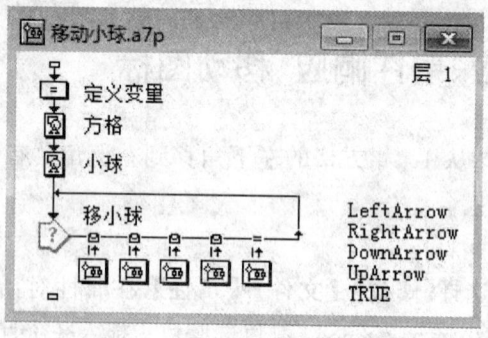

图3-28 移动小球流程图

9. 双击 TRUE 群组图标,拖入一个移动图标,图标命名为"移动"。在移动图标属性对话框的类型下拉框中选"指向固定区域内的某点"。选择基点单选按钮,后面的输入框中都输入1;选择目标单选按钮,后面的输入框中分别输入 x、y;选择终点单选按钮,后面的输入框中都输入4。用鼠标单击小红球并按住拖动至右上角小方格中,则移动区域构成一个矩形。至此运行程序按光标键即可在方格内上、下、左、右移动小球。最后保存文件,运行测试。

图3-29 移动图标的属性设置

3.10 判断图标

实例9 设 $z=2x+y$,式中变量 x、y 满足下列条件 $\begin{cases} x-4y \leqslant -3 \\ 3x+5y \leqslant 25 \\ x \geqslant 1 \end{cases}$,求 z 的最大值与最小值。制作一个辅助教学的课件(图 3-30)。

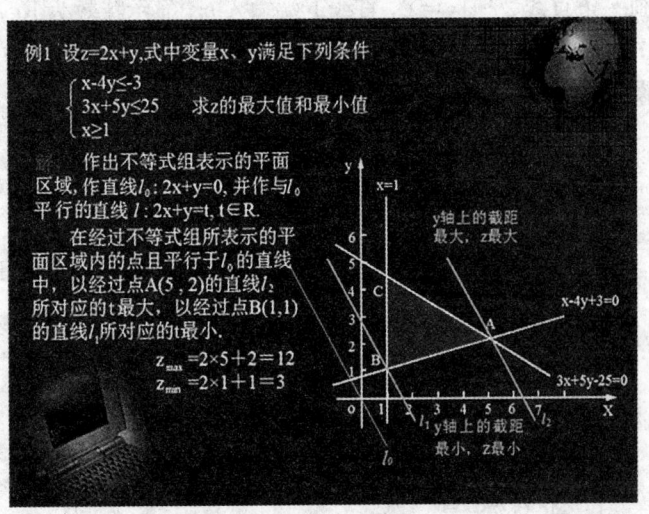

图 3-30 线性规划课件运行界面

[制作步骤]

1. 新建一个文件,选择【修改】/【文件】/【属性】,在属性对话框中,只勾选"屏幕居中",窗口大小选 800×600,颜色选蓝色。拖入一个显示图标,图标命名为"背景",导入光盘文件夹 3.10 中的图片"背图4.jpg"。拖入一个显示图标,图标命名为"例题",输入"设 $z=2x+y$,式中变量 x、y 满足下列条件 $\begin{cases} x-4y \leqslant -3 \\ 3x+5y \leqslant 25 \\ x \geqslant 1 \end{cases}$,求 z 的最大值与最小值"。拖入一个等待图标,只勾选"按任意键"。拖入一个群组图标,图标命名为"画可行域"。拖入一个群组图标,图标命名为"找最优解"。由于本实例图标较多,所以用群组图标进行分组。

2. 双击"画可行域"群组图标,拖入一个显示图标,图标命名为"解答文字1",输入"解:作出不等式组表示的平面区域"。拖入一个显示图标,图标命名为"坐标系",用工具箱的画直线工具画一个坐标系,将已有的等待图标复制粘贴到流程线上。拖入一个显示图标,图标命名为"直线 $x-4y+3=0$",用画斜线工具画一条直线 $x-4y+3=0$,显示特效选Reveal Down — Left。拖入一个显示图标,图标命名为"区域1",用多边形工具沿直线在其上方画一个无边框线的矩形,选择"斜线"的填充模式,显示特效设为淡入淡出向上。复制粘贴已有的等待图标,拖入一个显示图标,画一条直线 $3x+5y-25=0$,显示特效选 Reveal Up — Left。拖入一个显示图标,用多边形工具沿直线在其下方画一个无边框线的矩形,选择"斜线"的填充模式,显示特效设为淡入淡出向左。复制粘贴已有的等待图标,拖入一个显示图标,画一条直线 $x=1$,显示特效选 Reveal Down。拖入一个显示图标,用多边形工具沿直线在其右边画一个无边框线的矩形,选择"斜线"的填充模式,显示特效设为淡入淡出向右。复制粘贴已有的等待图标,拖入一个显示图标,用多边形工具沿三条直线围成的三角形画一个无边框线的三角形,并用红色填充。拖入一个擦除图标,用于擦除上面用"斜线"填充的三个矩形区域。

3. 双击"找最优解"群组图标,复制粘贴已有的等待图标,拖入一个显示图标,输入"作直线 $l_0:y=-2x$,并作与 l_0 平行的直线 $l:y=-2x+z,z\in R$"。复制粘贴已有的等待图标,拖入一个显示图标,画一条直线 $2x+y=0$,直线下端输入 l_0,显示特效为 Reveal Up — Left。拖入一个显示图标,图标命名为"平移直线1",将直线 $2x+y=0$ 显示图标中的直线复制到这个显示图标中,线型设为粗一号(图 3-31)。

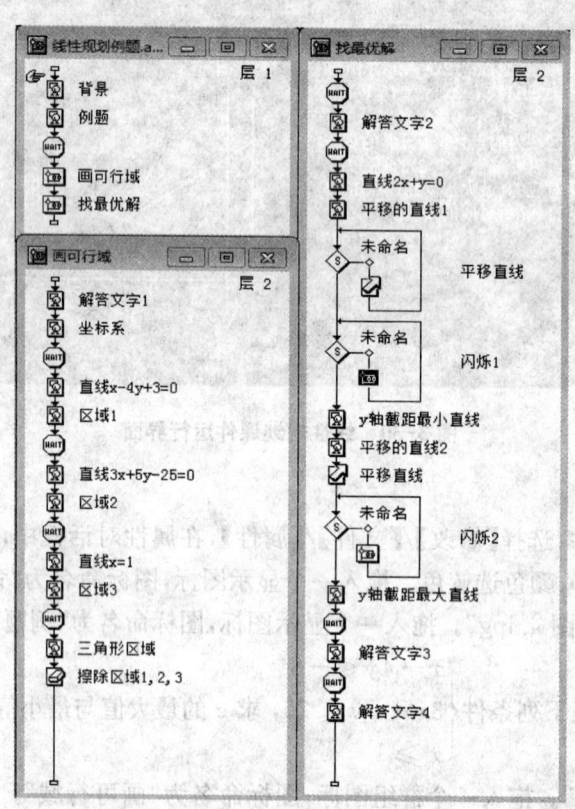

图 3-31 线性规划例题课件流程图

4. 拖入一个判断图标到流程线。拖入一个移动图标到判断图标的右侧,图标命名为"平移直线"。双击判断图标,在弹出的判断图标属性对话框的重复下拉框中选"直到单击鼠标或按任意键",分支下拉框中选顺序分支路径(图 3-32)。双击移动图标,在弹出的属性对话框的类型下拉框中选"指向固定路径的中点",定时下拉框中选时间,文本输入框中输入3。运行程序,运行到移动按钮暂停时,用鼠标选中"平移直线1"显示图标中的直线,这时出现一个小的白色三角形;向右水平拖动一段距离再单击鼠标,这时又出现一个小的白色三角形。这样,这条直线在拉出的这条线段上平行向右移动,每次时间3秒,不断循环,直到单击鼠标退出循环。

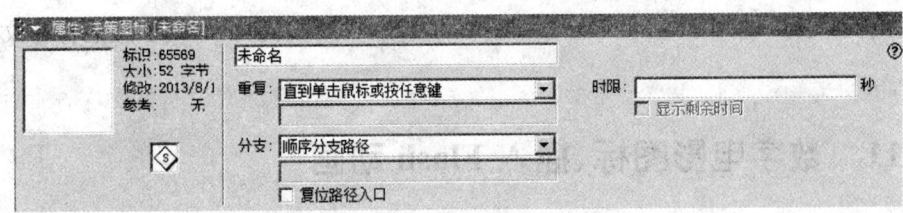

图 3-32　判断图标属性对话框

5. 拖入一个判断图标到流程线上。拖入一个群组图标到判断图标的右侧,图标命名为"闪烁 1"。双击判断图标,在弹出的判断属性对话框的重复下拉框中选"直到单击鼠标或按任意键"。双击"闪烁 1"群组图标,拖入一个显示图标,复制"平移直线 1"图标中的直线,移动使其过三角形区域左下角的顶点,设置为红色,并在其下方输入"l_1:y 轴上的截距最小,z 最小"。拖入一个等待图标,在其属性框中去掉所有勾选,在时限输入框中输入 0.5。拖入一个擦除图标,用于擦除刚才的那条红色直线及文字。拖入一个显示图标,复制红色直线及文字,粘贴到图标中,并将其颜色改为绿色。拖入一个等待图标,同样只设置时限为 0.5 秒。拖入一个擦除图标,用于擦除绿色的直线及文字。这样运行后就会出现直线 l_1 及其下面的文字不断闪烁的现象,直到单击鼠标停止(图 3-33)。

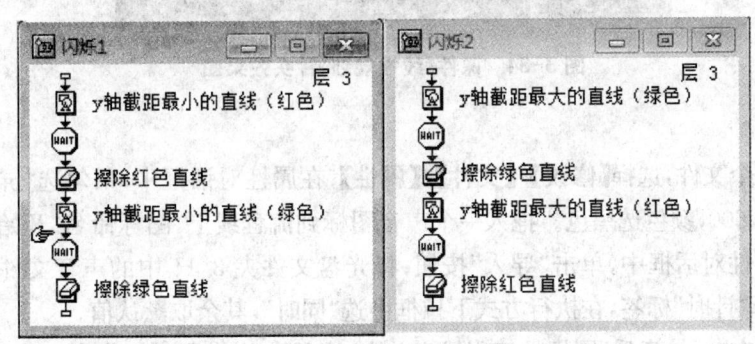

图 3-33　闪烁 1 和闪烁 2 群组图标内的内容

6. 拖入一个显示图标,将绿色的直线及文字复制粘贴。拖入一个显示图标,图标命名为"平移直线 2",将绿色直线复制粘贴。拖入一个移动图标,双击移动按钮,在弹出的属性对话框的类型下拉框中选"指向固定路径的终点",定时下拉框中选时间,文本输入框中输入 2。运行程序,直到移动按钮暂停时,用鼠标选中"平移直线 2"显示图标中的直线,这时出现一个小的白色三角形,向右水平拖动一段距离,使其刚好过三角形区域右边的顶点再单击鼠标,这时又出现一个白色三角形。

7. 拖入一个判断图标到流程线上。拖入一个群组图标到判断图标的右侧,图标命名为"闪烁 2"。双击判断图标,在弹出的属性对话框的重复下拉框中选"直到单击鼠标或按任意键"。"闪烁 2"群组图标内的流程线见图 3-33,图标的具体设置方法同步骤 4。

8. 拖入一个显示图标,将步骤 6 中的绿色直线连同文字复制粘贴。拖入一个等待图标,属性对话框中只勾选"按任意键"。拖入一个显示图标,输入"在经过不等式组表示的平面区域内的点且平行于 l_0 的直线中,以经过点 $A(5,2)$ 的直线 l_2 所对应的 z 最大,以经过点 $B(1,1)$ 的直线 l_1 所对应的 z 最小"。拖入一个等待图标,属性对话框中只勾选"按任意键"。

拖入一个显示图标,输入"$z_{\max}=2\times 5+2=12, z_{\min}=2\times 1+1=3$"。最后保存文件,运行测试。

3.11 数字电影图标、插入 Flash 动画

实例 10 课件《线性规划》的片头设计(图 3-34)。

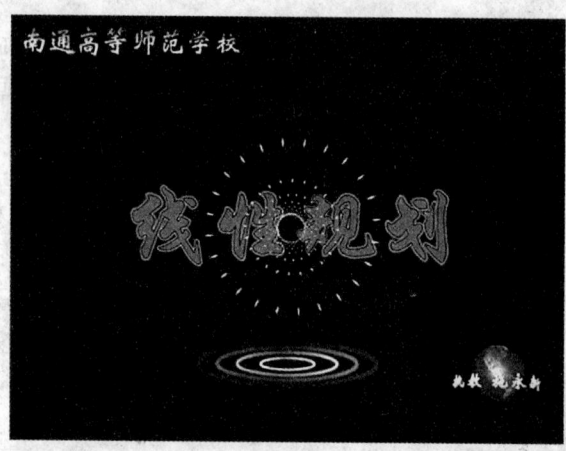

图 3-34 课件《线性规划》片头效果图

[制作步骤]

1. 新建一个文件,选择【修改】/【文件】/【属性】,在属性对话框中,只勾选"屏幕居中",窗口大小选 800×600,颜色选黑色。拖入一个声音图标到流程线上,图标命名"开始音乐",双击声音图标,在属性对话框中,单击"导入"按钮,将光盘文件夹 3.11 中的声音文件"开始音乐.wav"导入,选择"计时"标签,在执行方式下拉框中选"同时",其余取默认值。

2. 用鼠标在"开始音乐"图标的流程线旁单击,流程线旁出现一个手形标记,然后选择【插入】/【媒体】/【Flash Movie...】,在弹出的对话框中,将 Linked 项的"勾选"去掉,这样在将文件打包成.exe 可执行文件后,无需 Flash 的.swf 文件即能运行 Flash 动画。单击"Browse..."按钮,将光盘文件夹 3.11 中的"water.swf"文件导入(图 3-35)。将图标名更改为"Flash 水滴动画"。在窗口下方的属性对话框中,选择"显示"标签,在"模式"下拉框中选择"透明"(图 3-36)。单击工具栏上的"运行"按钮运行文件,用鼠标将"水滴"移至演示窗口中间位置。

3. 拖入一个等待图标到流程线上,在属性对话框中,去掉所有勾选,在时限输入框中输入 2。用步骤 2 中的方法,在等待图标下,依次插入三个 Flash 动画,分别导入光盘文件夹 3.11 中的线性规划.swf、光芒.swf、校名.swf 三个动画文件,位置按图 3-34 放置,三个图标名分别更改为 Flash 线性规划动画、Flash 光芒动画、Flash 校名动画。选中 Flash 线性规划动画图标,单击鼠标右键,选中"特效",在弹出的特效方式对话框中,分类选"DmXP 过渡",特效选"激光展示 1"。选中 Flash 光芒动画图标,单击鼠标右键,选中"特效",在弹出的特效方式对话框中,分类选"DmXP 过渡",特效选"发光波纹展示"。

4. 拖入一个数字电影图标到流程线上,将图标名更改为"球",在电影图标属性对话框中,单击"导入"按钮,将光盘 3.11 文件夹中的视频文件"球.avi"导入,并选择"计

时"标签,执行方式下拉框中选"同时",播放下拉框中选"重复"。最后保存文件,运行测试(图3-37、图3-38)。

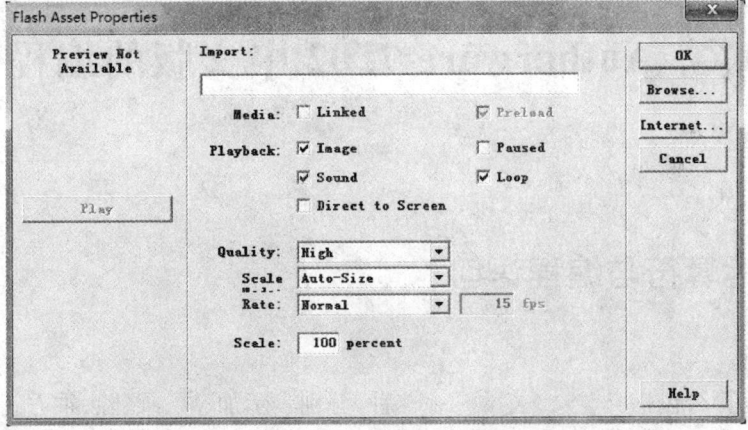

图 3-35　导入 Flash 动画文件对话框

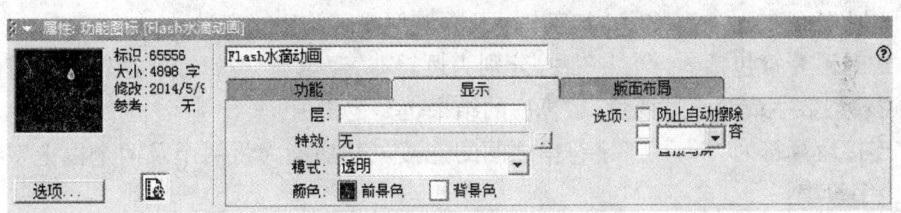

图 3-36　Flash 动画属性对话框

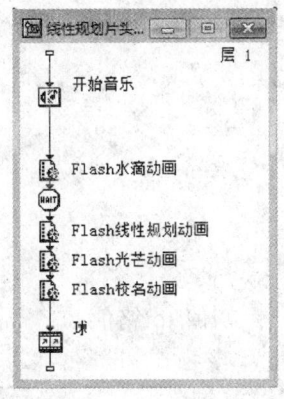

图 3-37　课件《线性规划》的片头设计流程图

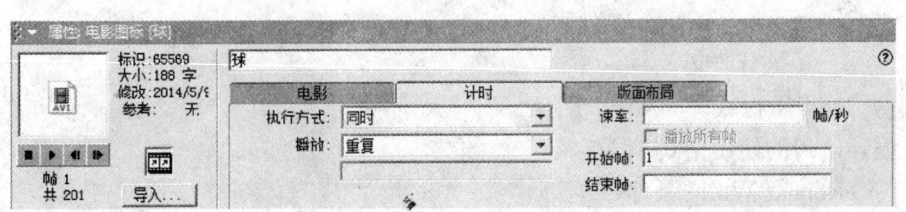

图 3-38　电影图标属性对话框

第4章 Authorware 7.02中文版的编程基础

4.1 运算符与编程语句

1. 运算符
- ◆ 算术运算符包括＋、－、＊、/、＊＊ 5种，分别表示加、减、乘、除、乘方。
- ◆ 关系运算符包括＞、＜、＝、＜＝、＞＝、＜＞ 6种，分别表示大于、小于、等于、小于等于、大于等于、不等于。关系运算符比较左右两边操作对象的大小，返回一个逻辑结果（真或假）。可用来比较的对象有数字、字符串以及数值型或字符型的变量。
- ◆ 逻辑运算符包括～、&、| 3种，分别为逻辑非、逻辑与、逻辑或。逻辑运算符的操作对象是逻辑型数字或逻辑型变量，运算后的结果也是逻辑值。
- ◆ 连接运算符为"^"，用于字符串之间的连接。其功能为将两个及两个以上字符串连接为一个字符串。
- ◆ 赋值运算符"：＝"其功能为将该运算符右边的值赋给左边的变量。

2. 编程语句
- ◆ 条件语句的使用格式为：
    if 条件 then
        执行语句1
    else
        执行语句2
    end if
- ◆ 循环语句的使用格式1：
    Repeat with 计数变量：＝初值 to 终值
        执行语句
    end Repeat
  循环语句的使用格式2：
    Repeat with 变量 in 列表
        执行语句
    end Repeat
  循环语句的使用格式3：
    Repeat While 条件
        执行语句
    End Repeat

实例 1 《球的表面积》选择题练习设计(图 4-1)。

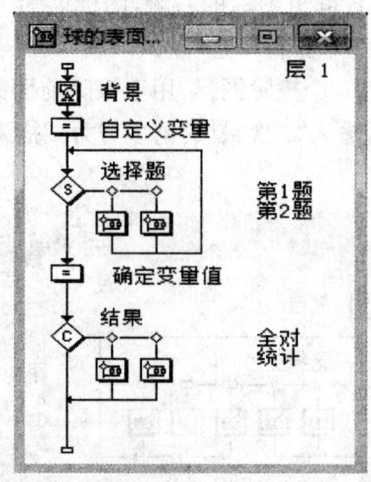

图 4-1 球的表面积选择题练习设计流程图

[制作步骤]

1. 新建一个文件,拖入一个显示图标,图标名为"背景",导入光盘文件夹 4.1 中的图片"选择题背景.jpg"。再拖一个计算图标,图标名为"自定义变量",输入:

$$right:=0$$

2. 拖入一个判断图标到流程线上,图标名为"选择题"。再拖入一个群组图标到判断图标的右侧,图标名为"第 1 题"。

3. 双击判断图标标志,在属性对话框中,重复下拉框中选"固定循环次数",下面的输入框中输入数字 2(选择题数目),在分支下拉框中选"顺序分支路径"。

4. 双击第 1 题群组图标,拖入一个显示图标,图标名为"题目",输入:1、已知下列四个命题:(1)两个球面积的比等于它们的半径之比;(2)两个球面积的比等于它们的大圆面积的比;(3)若球半径扩大到原来的 4 倍,则它的球面积扩大到原来的 16 倍;(4)如果球面积扩大到原来的 4 倍,则它的半径扩大到原来的 8 倍。其中正确的有(　　)

　A. 1 个　　　　B. 2 个　　　　C. 3 个　　　　D. 4 个

5. 在流程线上拖入一个交互图标,图标名为"选择支",交互类型选按钮。拖入一个群组图标到交互图标的右侧,图标名为"B"。注意:这个群组图标名是变化的,是正确选项的字母,若选项 A 正确,则这个图标名为"A"。双击按钮响应标志,在属性对话框响应页面的分支下拉框中选"退出交互"。单击属性框中的"按钮...",在弹出的按钮对话框中,选择标准 Windows 收音机按钮。双击 B 群组图标,拖入一个显示图标,图标名为"正确提示",输入"答案正确,请做下题!"拖入一个等待图标,设置等待时间为 1 秒。拖入一个计算图标,图标名为"答对题数增 1",双击计算图标,输入:

$$right:=right+1$$

6. 拖入一个群组图标到交互图标右侧,图标名为"A"。双击按钮响应标志,在按钮属性对话框响应页面的分支下拉框中选"重试"。双击群组图标,拖入一个显示图标,图标为"答错提示",输入"答错了,再试一次!"拖入一个等待图标,设置等待时间为 1 秒。复制群组图标 A,在其右侧粘贴两次,并将图标名分别改为 C、D。

7. 拖入一个群组图标到 B 群组图标的右侧,图标名为"限制 2 次"。双击按钮响应标志,在按钮属性对话框中的类型下拉框中选"重试限制",在响应页面的分支下拉框中选"退出交互"。双击群组图标,拖入一个擦除图标,用于擦除前面的错误提示。拖入一个显示图标,图标名为"2 次错误提示",输入"2 次错误,请多努力!"拖入一个等待图标,设置等待时间 1 秒(图 4-2)。

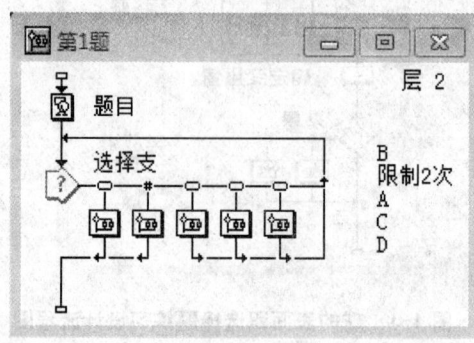

图 4-2 第 1 题群组图标内的流程图

8. 回到第一层流程线上,复制第 1 题群组图标,在其右边进行粘贴,并将新得群组图标名改为"第 2 题"。双击群组图标,双击"题目"显示图标,将题目改为"棱长为 a 的正方体的外接球的表面积是( )   A. $4\pi a^2$ B. $2\pi a^2$ C. $3\pi a^2$ D. πa^2 ",将"选择支"交互图标右侧的前面 4 个群组图标名依次改为 C、A、B、D。运行课件在进入第 2 题页面时,在调试窗口,交换 B、C 两个按钮的位置,其余一切设置不变。

9. 通过上面设置,已完成 2 道选择题,同样方法可再增加选择题。然后回到第一层的流程线上,拖入一个计算图标,图标名为"确定变量值",双击计算图标输入:

```
if right=2 then
     fz：=1
else
     fz：=2
end if
```

变量 fz 的值用于确定下面一个判断图标的分支路径。

10. 拖入一个判断图标到流程线上,图标名为"结果"。双击判断图标标志,在判断图标属性对话框中,重复下拉框中选"不重复",分支下拉框中选"计算分支结构",并在下面的输入框中输入 fz。

11. 拖入一个群组图标到判断图标右侧,图标名为"全对"。双击群组图标,拖入一个显示图标,图标名为"全对提示",输入"恭喜您全答对了!"拖入一个等待图标,只勾选"单击鼠标"和"按任意键"。

12. 拖入一个群组图标到判断图标右侧,图标名为"统计"。双击群组图标,拖入一个显示图标,图标名为"统计答题情况",输入"您答对了{right}题,答错了{2－right}题"。至此整个范例设置完毕,每道选择题只提供 2 次选择机会,答对或答错 2 次均自动进入下一题,题目全部答完后自动反馈结果。最后保存文件,运行测试。

4.2 常用的系统函数

1. ABS

语法:number:=ABS(x)

说明:返回 x 的绝对值。

2. COS

语法:number:=COS(angle)

说明:返回角度 angle 的余弦值。角度的单位为弧度。

3. EXP

语法:number:=EXP(x)

说明:计算 e^x 的值并将结果赋予变量 number。

4. EXP10

语法:number:=EXP10(x)

说明:计算 10^x 的值并将结果赋予变量 number。

5. INT

语法:number:=INT(x)

说明:返回实数 x 的整数部分。

6. LN

语法:number:=LN(x)

说明:求出 x 的自然对数值。

7. LOG10

语法:number:=LOG10(x)

说明:求出以 10 为底 x 的对数值。

8. Max

语法:value:=Max(anyList)

value:=Max(a [,b,c,d,e,f,g,h,i,j])

说明:返回列表 anyList 或多个参数中的最大值。

9. Min

语法:value:=Min(anyList)

value:=Min(a [,b,c,d,e,f,g,h,i,j])

说明:返回列表 anyList 或多个参数中的最小值。

10. MOD

语法:number:=MOD(x,y)

说明:返回 x 除以 y 所得的余数(模)。

11. Number

语法:number:=Number(value)

说明:将参数 value 从当前数据类型转换为数值类型(整数或实数)。

12. Random

语法：number：=Random(min,max,units)

说明：返回介于最小值与最大值之间的一个随机数，两个随机数的差是 units 的整数倍。

13. Round

语法：number：=Round(x [,decimals])

说明：将数值 x 按照 decimals 指定的位数四舍五入。

14. Sign

语法：number：=Sign(x)

说明：该函数在 x 为正数时返回 1，x 为 0 时返回 0，x 为负数时返回 -1。

15. SIN

语法：number：=SIN(angle)

说明：计算 angle 的正弦值，参数 angle 的单位为弧度。

16. SQRT

语法：number：=SQRT(x)

说明：计算数值 x 的绝对值的平方根。

17. TAN

语法：number：=TAN(angle)

说明：计算 angle 的正切值，参数 angle 的单位为弧度。

18. Array

语法：result：=Array(value,dim1 [,dim2,dim3,...,dim10])

说明：创建一个线性表（一维数组），并使用 value 进行填充。使用参数 $dim_2 \sim dim_{10}$ 可以创建一个以线性表为元素的线性表（多维数组）。

19. Box

语法：Box(pensize,x1,y1,x2,y2)

说明：使用由 pensize 指定的线宽，在屏幕上从左上角 (x_1,y_1) 到右下角 (x_2,y_2) 画矩形。默认情况下矩形的边框色为黑色，填充色为透明，可以使用函数 SetFrame() 和 SetFill() 设置边框色和填充色。当 pensize = -1 时，该矩形以黑色填充。

20. Circle

语法：Circle(pensize,x1,y1,x2,y2)

说明：按照 pensize 指定的线宽在指定限制矩形内画内切圆。限制矩形的左上角坐标为 (x_1,y_1)，右下角坐标为 (x_2,y_2)。默认情况下圆形的边框色为黑色，填充色为透明，可以使用函数 SetFrame() 和 SetFill() 设置边框色和填充色。当 pensize= -1 时，该函数绘制一个黑色的实心圆。

21. Line

语法：Line(pensize,x1,y1,x2,y2)

说明：使用 pensize 指定的线宽在屏幕上从 (x_1,y_1) 到 (x_2,y_2) 绘制一条线段。默认的线段颜色是黑色，可以使用函数 SetFrame() 设置线段颜色。将 pensize 设置为 -1 可以忽略当前颜色设置而绘出黑色线段。

22. RGB

语法:RGB(R,G,B)

说明:由红、绿、蓝(R,G,B)三原色混合成一种新的颜色。该函数为绘图函数设置颜色。参数 R,G,B 的取值范围为 0~255。

23. SetFill

语法:SetFill(flag [,color])

说明:设置绘图函数使用的填充色,可以使用 RGB 函数产生一个颜色。当 flag 为 TRUE 时进行填充,为 FALSE 时则不进行填充。

24. SetFrame

语法:SetFrame(flag [,color])

说明:设置绘图函数使用的边框色,可以使用 RGB 函数产生一个颜色。当 flag 为 TRUE 时绘制边框,为 FALSE 时则不进行绘制。

25. SetLine

语法:SetLine(type)

说明:设置线段样式。样式由参数 type 指定:

0—无箭头。

1—线段起点处有箭头。

2—线段终点处有箭头。

3—线段两端都有箭头。

26. MediaPause

语法:MediaPause(IconID@ "IconTitle ",pause)

说明:暂停或继续播放指定设计图标中的数字化电影或声音。当参数 pause 的值为 TRUE 时则暂停播放,为 FALSE 时则从暂停之处继续播放。

27. MediaPlay

语法:MediaPlay(IconID@ "IconTitle ")

说明:播放指定设计图标中的数字化电影、视频信息或声音。如果数字化电影、视频信息或声音正在播放,则该函数将控制其从起始位置重新开始播放。

28. MediaSeek

语法:MediaSeek(IconID@ "IconTitle ",position)

说明:设置指定设计图标中数字化电影、视频信息或声音的当前播放位置。对于数字化电影和视频信息,参数 position 为帧数;对于声音,为毫秒值。

29. IconTitle

语法:string:= IconTitle(IconID)

说明:该函数返回 IconID 指定图标的标题。若标题包括注释,则这些注释也作为标题的一部分返回。

30. Eval

语法:result:=Eval("expression"[,decimal,separator])

说明:函数 Eval 获取 expression 中的字符串并将函数结果送入 result。该函数根据用户的输入,可以实时运算 expression,用户不能用该函数运算带赋值符(:=)的表达式。用可选参数 decimal 指定在第一个参数中将哪一个字符用做小数点;用可选参数 separator 指定在第一个参数中将哪一个字符用做参数分隔符。

31. GoTo

语法:GoTo(IconID@"IconTitle")

说明:使程序跳转到指定设计图标处执行。如果目的设计图标是框架结构中的页图标,则该框架窗口入口窗格中的内容会先于目的设计图标得到执行;如果是从框架结构中向外部跳转,则该框架窗口出口窗格中的内容会先于目的设计图标得到执行。

32. EraseIcon

语法:EraseIcon(IconID@"IconTitle")

说明:该函数用于擦除"IconTitle"指定的图标。

33. JumpFile

语法:JumpFile("filename" [,"variable1,variable2,… ",["folder"]])

说明:使 Authorware 跳转到由 filename 指定的程序文件中,打包的程序只能跳转到同样打包的程序中。文件名不必包含扩展名,Authorware 会自动对所需文件进行识别。变量序列"variable1,variable2,…"用于向目标程序文件传递参数。如果使用的是自定义变量,必须保证它们同时存在于两个程序文件中。通过使用参数"folder"可以改变用户记录文件的默认路径,这也是改变用户记录文件路径的唯一方式。当程序由 Authorware Web Player 执行时,可以传递一个 URL 类型的参数作为 folder 使用,但 Authorware Web Player 禁止将本地驱动器作为 folder 参数使用。

34. ResizeWindow

语法:ResizeWindow(width,height)

说明:重设【演示】窗口的大小。参数 width 和 height 分别用于指定改变后的【演示】窗口的宽度和高度,单位为像素。

35. Quit

语法:Quit(option)

说明:立即退出程序,退出之后的操作由参数 option 指定如下:

0——如果是由另一程序文件跳转而来,则返回该文件,否则返回 Windows 桌面(Windows 95/98/NT 4.0/2000/XP)。如果当前使用的是 Macintosh 操作系统,则返回到查找器(Finder)。

1——直接返回 Windows 桌面(Windows 95/98/NT 4.0/2000/XP)。如果当前使用的是 Macintosh 操作系统,则返回到查找器(Finder)。

2——重新启动 Windows(Windows 95/98/NT 4.0/2000/XP)操作系统。如果当前使用的是 Macintosh 操作系统,则重新启动系统。

3——关闭计算机(Windows 95/98/NT 4.0/2000/XP)。如果当前使用的是 Macintosh 操作系统,则关闭计算机。

实例 2 动态控制由圆的内接正多边形生成球的过程(图 4-3、图 4-4)。

[制作步骤]

1. 新建一个文件,选择【修改】/【文件】/【属性】,在选项栏目中只勾选"显示标题栏"和"屏幕居中",在窗口大小下拉框中选"800×600"。

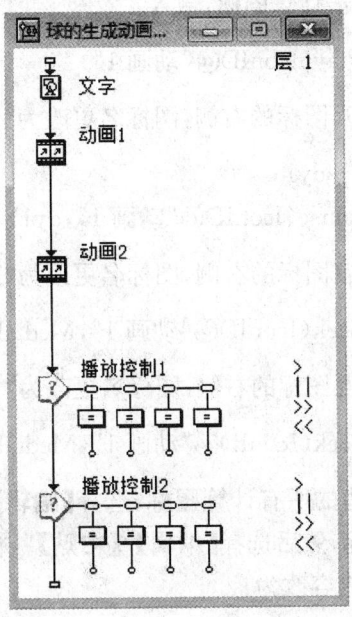

图 4-3　球的生成动画控制流程图

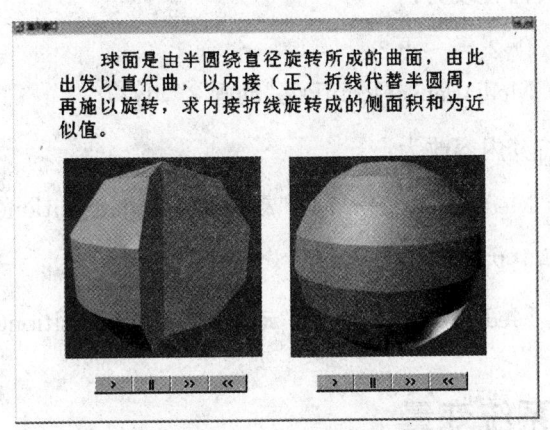

图 4-4　球的生成动画控制的效果与界面

2. 拖入一个显示图标,图标名为"文字"。双击显示图标,输入"球面是由半圆绕直径旋转所成的曲面,由此出发以直代曲,以内接(正)折线代替半圆周,再施以旋转,求内接折线旋转成的侧面积和为近似值。"

3. 拖入一个数字电影图标,图标名为"动画 1",在数字电影属性对话框中,单击"导入"按钮导入光盘文件夹 4.2 中的文件"10.avi"。

4. 拖入一个数字电影图标,图标名为"动画 2",在数字电影属性对话框中,单击"导入"按钮导入光盘文件夹 4.2 中的文件"20.avi"。

5. 拖入一个交互图标到流程线上,图标名为"播放控制 1"。再拖入一个计算图标到交互图标的右侧,在弹出的交互类型对话框中选按钮响应,并将计算图标名更改为">"。双击按钮响应标志,在其属性对话框的按钮页面中,鼠标选手形光标;在响应页面的范围中选永

久,在分支下拉框中选返回。双击计算图标,输入:

$$\text{MediaPlay(IconID@"动画1")}$$

6. 拖入一个计算图标到交互图标的右侧,图标名更改为"||",双击计算图标,输入:

$$dy1:=\sim dy1$$
$$\text{MediaPause(IconID@"动画1",dy1)}$$

7. 拖入一个计算图标到交互图标的右侧,图标名更改为">>",双击计算图标,输入:

$$\text{MediaSeek(IconID@"动画1",MediaPosition@"动画1"+2)}$$

8. 拖入一个计算图标到交互图标的右侧,图标名更改为"<<",双击计算图标,输入:

$$\text{MediaSeek(IconID@"动画1",MediaPosition@"动画1"-2)}$$

9. 框选"播放控制1"和右边的所有计算图标,选择【编辑】/【复制】,在"播放控制1"交互图标下面的流程线上单击鼠标,然后选择【编辑】/【粘贴】。将交互图标名称改为"播放控制2",双击">"计算图标,将其内容改为:

$$\text{MediaPlay(IconID@"动画2")}$$

双击"||"计算图标,将其内容改为:

$$Dy2:=\sim dy2$$
$$\text{MediaPause(IconID@"动画2",dy2)}$$

双击">>"计算图标,将其内容改为:

$$\text{MediaSeek(IconID@"动画2",MediaPosition@"动画2"+2)}$$

双击"<<"计算图标,将其内容改为:

$$\text{MediaSeek(IconID@"动画2",MediaPosition@"动画2"-2)}$$

4.3 常用的系统变量

1. ClickX

为用户最后一次单击鼠标左键时,鼠标指针距【演示】窗口左边界的像素数。

2. ClickY

为用户最后一次单击鼠标左键时,鼠标指针距【演示】窗口顶端的像素数。

3. Pi

圆周率常量,其值为 3.141 592 653 6。

4. e

自然对数的底数(2.718 281 828 459)。

5. MediaPlaying

使用 MediaPlaying@"IconTitle" 返回指定的数字化电影、视频或声音如果正处于播放、暂停或由用户控制的播放状态,则返回 TRUE;如果还未开始播放、已经播放完毕或者已被擦除,则返回 FALSE。

6. MediaPosition

使用 MediaPosition@"IconTitle" 返回指定的数字化电影、视频或声音当前播放到的位置,数字化电影的度量单位为帧;CAV 视频的单位为帧,CLV 视频的单位为毫秒;声音的度量单位为毫秒。

7. MediaRate

使用 MediaRate@"IconTitle" 返回指定的数字化电影、视频或声音的播放速度。Authorware 报告上述速度的方式为数字化电影的播放速度以帧/秒为单位,声音的播放速度以相对于正常播放速度的百分比表示,视频信息的播放速度以-5~5 之间的数值表示。

8. SoundPlaying

如果一段声音正在播放,该变量返回 TRUE。

9. IconTitle

包含当前设计图标的名称。在调试程序时,通过该变量可以随时得知当前正在执行哪个设计图标,这一点对于程序流程分析非常有用。

10. EntryText

为用户在最后一次文本输入响应时输入的文本。使用 EntryText@"IconTitle" 返回指定交互作用分支结构中的相应值。

11. NumEntry

为用户在文本输入响应中输入的第一个数值。使用 NumEntry@"IconTitle" 返回指定交互作用分支结构中的相应值。

12. Date

为系统当前日期,以数字形式表示(例如,2003-9-15),日期的具体格式由用户系统中的设置决定。

13. Day

为系统处于某月中的第几天,取值范围为 1~31。

14. DayName

为系统当前是星期几,取值范围为 Sunday~Monday。

15. FullDate

为系统当前日期,以长字符串形式表示(例如,2003 年 7 月 19 日)。日期的具体格式由用户系统中的设置决定。

16. FullTime

以包含时、分和秒的格式保存当前的系统时间(例如,13:20:44)。时间的具体格式由用户系统中的设置决定。

17. Hour

为当前时间处于一天的哪个小时,取值范围为 0~23。

18. Minute

为当前时间处于一个小时中的第几分钟,取值范围为 0~59。

19. Month

为当前月份,取值范围为 1~12。

20. MonthName

为当前月份名,取值范围为 January~December。

21. Sec

为当前系统时间的秒数,取值范围为 0~59。

22. Time

返回系统当前时间。

23. Year

为当前的年份(例如,2013)。

实例 3 动态画椭圆 $\dfrac{x^2}{16} + \dfrac{y^2}{7} = 1$。实现用鼠标单击屏幕上的任一点,即画出与椭圆两焦点的连线,并显示与两焦点的距离之和。输入长半轴 a 的值,若 $a > c$,自动画出符合条件的椭圆,否则给出不能画椭圆的提示(图 4-5、图 4-6)。

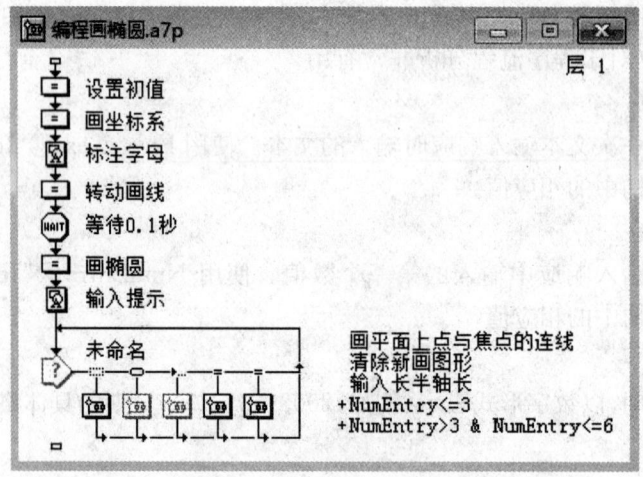

图 4-5 编程画椭圆的流程图

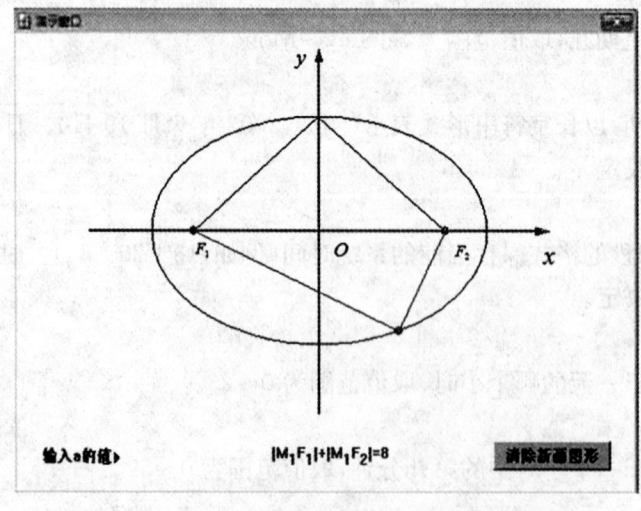

图 4-6 编程画椭圆的运行效果与界面

[作图步骤]

1. 新建一个文件,选择【修改】/【文件】/【属性】,在选项栏目中只勾选"显示标题栏"和"屏幕居中",在窗口大小下拉框中选"640×480"。

2. 拖入一个计算图标,图标名为"设置初值",双击计算图标,输入:

　　sx:=320－－坐标原点横坐标

　　sy:=200－－坐标原点纵坐标

　　dw:=40－－单位长度:40个像素为一个单位

　　a:=4－－长半轴长

　　c:=3－－半焦距

　　b:=(a*a－c*c)**0.5－－短半轴长

　　j1:=0－－循环变量

　　ds:=0－－旋转角度

　　x1:=0－－画线起点的横坐标改变量

　　y1:=b*dw－－画线起点的纵坐标改变量

　　SetLine(0)－－设置线型为无箭头型

　　SetFrame(1,RGB(0,0,200))－－设置画线的颜色为蓝色

说明:屏幕左上角为坐标原点,水平向右为 x 轴正方向,垂直向下为 y 轴正方向。

3. 拖入一个计算图标,图标名为"画坐标系",双击计算图标,输入:

　　SetLine(2)－－设置线型为终点处有箭头

　　Line(2,100,200,540,200)－－画横轴

　　Line(2,320,370,320,30)－－画纵轴

　　Circle(－1,196,196,204,204)－－画左焦点

　　Circle(－1,436,196,444,204)－－画右焦点

4. 拖入一个显示图标,在显示图标内,在坐标轴的端点处输入 x、y,在原点处输入 O,在椭圆焦点处输入 F_1、F_2。

5. 拖入一个计算图标,图标名为"转动画线",双击计算图标输入:

　　y2:=b*COS(ds)*dw－－画线终点纵坐标的改变量

　　x2:=a*SIN(ds)*dw－－画线终点横坐标的改变量

　　Line(1,sx+x1,sy－y1,sx+x2,sy－y2)－－画小线段

　　ds:=ds+0.04－－改变旋转角度的值

　　x1:=x2－－置换横坐标的改变量

　　y1:=y2－－置换纵坐标的改变量

6. 拖入一个等待图标,图标名为"等待0.1秒",在等待图标的时限输入框内输入0.1。

7. 拖入一个计算图标,图标名为"画椭圆",双击计算图标,输入:

　　if ds<6.29 then－－角度每次递增0.04,若小于6.29不断画小线段

　　GoTo(IconID@"转动画线")

　　end if

　　SetLine(0)－－设置线型为无箭头型

　　Line(1,sx－c*dw,sy,sx+x2,sy－y2)－－椭圆短轴的上端点与左焦点的连线

Line(1,sx+c*dw,sy,sx+x2,sy-y2)——椭圆短轴的上端点与右焦点的连线

8. 拖入一个显示图标,输入"输入 a 的值",拖入一个交互图标到流程线上,交互类型选"热区域响应"。拖入一个群组图标到交互图标的右侧,图标名为"画平面上点与焦点的连线"。双击热区域响应标志,属性对话框中全部取默认值,拖动窗口中出现的虚线小矩形四周的白色控制柄,将虚线小矩形拉大至整个窗口。

9. 双击"画平面上点与焦点的连线"群组图标,拖入一个计算图标,图标名为"与焦点连线",双击计算图标,输入:

fo:=sx-c*dw——左焦点横坐标

ft:=sx+c*dw——右焦点横坐标

pointx:=ClickX——鼠标单击点的横坐标

pointy:=ClickY——鼠标单击点的纵坐标

circle(-1,pointx-4,pointy-4,pointx+4,pointy+4)——画鼠标单击点

SetFrame(1,RGB(255,0,0))——设置画线颜色为红色

Line(1,fo,sy,pointx,pointy)——画与左焦点的连线

Line(1,pointx,pointy,ft,sy)——画与右焦点的连线

mf:=INT(INT(((((ClickX-fo)**2+(ClickY-sy)**2)**0.5+((ClickX-ft)**2+(ClickY-sy)**2)**0.5)*100)/100+0.5)——鼠标单击点与两焦点的距离之和

if mf=318 | mf=319 |mf=321 |mf=322 then

mf:=320——鼠标单击椭圆时有误差,到两焦点距离之和取为 320

end if

ms:=ms+1——鼠标单击点次数加 1

10. 拖入一个显示图标,图标名为"显示条件",输入 $|M_{\{ms\}}F_1|+|M_{\{ms\}}F_2|=\{mf/dw\}$。注意:要输入下标,可先输入文本如{ms},然后选中该文本,选择【文本】/【风格】/【下标】。

11. 拖入一个群组图标到交互图标右侧,图标名为"清除新画图形"。双击群组图标上方的热区域响应标志,在属性对话框的类型下拉框中选按钮响应。

12. 拖入一个群组图标到交互图标右侧,图标名为"输入长半轴长"。双击群组图标上方的按钮响应标志,在属性对话框的类型下拉框中选文本输入响应。

13. 拖入一个群组图标到交互图标右侧,图标名为"NumEntry<=3"。双击群组图标上方的文本输入响应标志,在属性对话框的类型下拉框中选条件响应,在响应页面的状态下拉框中选正确响应。双击群组图标,拖入一个显示图标,输入"不能画椭圆"。

14. 拖入一个群组图标到交互图标最右侧,图标名为"NumEntry>3 & NumEntry<=6"。双击群组图标,拖入一个显示图标,图标名为"画新椭圆",输入:

sx:=320——坐标原点横坐标

sy:=200——坐标原点纵坐标

c:=120/dw——半焦距

a:=NumEntry——长半轴长,由用户输入

b:=(a*a-c*c)**0.5——短半轴长

```
j1:=0－－循环变量初值
ds:=0－－旋转角度初值
y1:=b*COS(ds)*dw－－画线起点纵坐标的改变量
x1:=a*SIN(ds)*dw－－画线起点横坐标的改变量
SetLine(0)－－设置线型为无箭头型
SetFrame(1,RGB(0,0,0))－－设置颜色为黑色
repeat with j1:=0 to 1257－－循环一周,单位为像素
    ds:=j1/200－－旋转角度,单位为弧度
    y2:=b*COS(ds)*dw－－画线终点纵坐标的改变量
    x2:=a*SIN(ds)*dw－－画线终点横坐标的改变量
    Line(1,sx＋x1,sy－y1,sx＋x2,sy－y2)－－画小线段
    x1:=x2－－横坐标改变量置换
    y1:=y2－－纵坐标改变量置换
end repeat
```

第 5 章　Authorware 课件范例《球的表面积》

5.1　课件脚本设计

　　CAI 多媒体课件能通过文本、图像、动画、声音等方式,创设情境、化静为动、激发兴趣、突破难点,有助于促进学生的"发现"和"探究"学习活动,培养创新思维。球的表面积公式的推导历来是一个教学难点,因为球面是以半圆的直径为轴旋转所成的曲面,它不能展开成平面,因而不能利用展开图来求球的表面积。那么如何求球的表面积呢? 任何一个数学问题的解决都有一个探索过程,这种探索过程实际上就是知识的发生过程。按教材的处理方法是先直接给出引理,再根据引理推导出球的表面积公式。一开始就学"引理",顺则顺矣,但对学生来讲不啻是从天上掉下来似的。到最需要"引理"的时候,才自然地提出辅助问题,并予以解决,对学生今后是一种很有用的训练。据此认识,本课件教学设计共分教学目标、习旧引新、类比引探、推导公式、巩固练习、课堂小结、拓展研究、相关知识八个功能模块。其中"习旧引新"模块,在复习圆柱、圆锥、圆台的侧面积公式推导的基础上,引入球的表面积公式的推导。由于球面是不可展面,不能沿用将侧面展开成平面的方法来解决,从而第一次激起学生探究的愿望。"类比引探"模块通过与平面几何中推导圆面积的公式进行类比,以直代曲,以半圆的内接正折线 $A_1A_2\cdots A_{n-1}A_n$ 代替半圆周,再施以旋转,即求半圆内接正折线旋转成的球的内接圆台(圆锥)的侧面积的和,并以三维动画直观演示,发现随着半圆内接正折线的边数越来越多,旋转成的球的内接圆台(圆锥)侧面积的和越来越接近于球的表面积。然后对旋转成的球的内接圆台(圆锥)侧面积的和进行探讨,在和式 $\pi \cdot l[r_1+(r_1+r_2)+\cdots+(r_{n-3}+r_{n-2})+r_{n-2}]$ 中,l 为各折线段的长,$r_1,r_2,r_3,\cdots,r_{n-2}$ 表示相应圆锥、圆台的底面半径,当 $n\to\infty$ 时,$S_{正折线}\to S_球$。但在上面的侧面积和式中,和 $r_1+(r_1+r_2)+\cdots+r_{n-2}$ 的值难以确定,且当 $n\to\infty$ 时,$l\to 0$。探究至此,再次碰壁,从而激发学生进一步探究的愿望。联想到求圆的面积时用到了边心距 p,那么球的内接圆台的侧面积能否用球心到母线的距离 p 和圆台的高 h 来表示呢? 从而使学生去寻找 p,h 与 r,l 的关系,最后得出书上的引理:"球面内接圆台(圆台上、下底面是球的两个平行截面)的高为 h,球心到母线的距离为 p,那么圆台的侧面积为 $2\pi ph$。" 有了引理作为基础,"推导公式"模块通过"以直代曲,无限分割,逐次逼近"的方法,结合三维立体图形的直观演示,推导出球的表面积公式 $S_{球面}=4\pi R^2$。"巩固练习"模块分步展示课本上例题的解答,并给出三维立体图形,帮助学生理解;另外给出了六道选择题,每题最多提供两次选择机会,且每次给出"答对了,请做下一题!""答错了,请再想一想!""两次答错,请多努力!"的评语,结束时由计算机给出最后的评分结果,体现了良好的智能性。"拓展研究"模块给出了利用三角函数推导球的表面积公式的另一途径,供学有余力的同学参考,帮助他们开阔解题思路,提高解题能力。

"相关知识"模块给出了球面内接圆锥的侧面积公式的证明过程,结合三维动画演示,给出了球冠的定义和球冠的面积,使课件的功能得以进一步扩展。

5.2 课件素材准备

1. 动画素材

用 3D Max 动画制作软件制作片头、片尾动画,圆的内接正十边形和内接正二十边形绕半径所在直线旋转成球的动画,一个平面截球得球冠的动画,弓形绕弓形弦的垂直平分线旋转成球冠的动画。

2. 图片素材

用 3D Max 动画制作软件制作圆柱、圆锥、圆台、球、球面内接圆台、球面内接圆锥、圆柱的内切球、球冠与球缺、平面分割半球的直观图(图 5-1)。用 Photoshop 图像制作软件制作导航菜单条图片,各教学模块的标题图片、封面与封底图片,教学界面图片。

图 5-1 平面分割半球的图片

3. 声音素材

背景音乐 bjyy.wav,菜单按钮音效 zr280.wav,退出音效 pwyy.wav。

5.3 课件界面设计

1. 片头、片尾设计

课件运行后,首先运行 3D Max 制作的片头动画:一本封面为立体几何的书缓慢打开,并逐渐远去,同时由远及近一个球体转动着出现在窗口中间,"球的表面积"这几个字绕球一

图 5-2 课件片头动画

周,界面如图 5-2 所示。双击"退出"按钮,弹出标准的 Windows 消息框,确认是否真的要退出,如图 5-3 所示。若选"是"则运行 3D Max 制作的片尾动画:一个旋转的正方体,表面是作者所在学校的校园风景,作者学校名称绕正方体一周转动,并显示课件名称与课件作者等信息,界面如图 5-4 所示。单击鼠标、按任意键可退出课件运行,也可等动画运行 10 秒后自动退出。

图 5-3　课件退出对话框

图 5-4　课件片尾动画

2. 导航界面设计

导航界面如图 5-5 所示,当鼠标移到导航按钮上时,该导航按钮变成红色且有音效,用鼠标单击后,按钮又恢复原来颜色,并进入相应的教学模块。

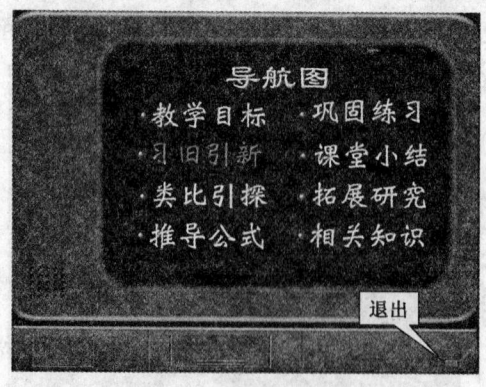

图 5-5　课件导航菜单

3. 教学界面设计

教学界面如图 5-6 所示,用鼠标单击"下一步"按钮或按任意键,即显示下一步的教学内容;单击"上一步"按钮,即可返回上一步显示的内容。当鼠标移到"上一步"或"下一步"按钮上不出现手形光标时,则表示在该教学模块中已到头或到尾。单击"音乐"按钮,可暂停或播放背景音乐。单击"返回"按钮,返回课件导航界面,可选择进入其他教学模块。单击"退出"按钮,弹出标准的 Windows 消息框,由用户确认是否真的要退出课件运行。

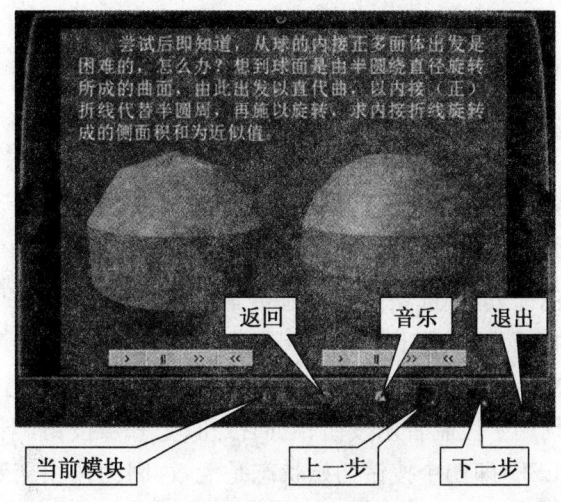

图 5-6 课件教学界面

5.4 程序框架设计

程序框架如图 5-7 所示。

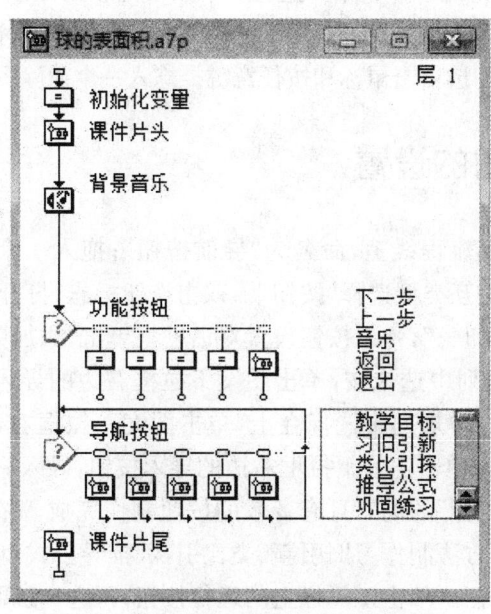

图 5-7 "球的表面积"程序框架

5.5 初始化变量的设置

拖入一个计算图标到流程线上,命名为初始化变量,双击"打开"输入下列语句:

```
Cover()
Resizewindow(800,600)
yybf:=FALSE
musicicon:=FALSE
returnicon:=FALSE
previousicon:=FALSE
nexticon:=FALSE
```

用 Authorware7.0 制作一个多媒体课件,一般要首先确定文件的属性,选择【修改】/【文件】/【属性】,背景色选黑色,选项中只勾选屏幕居中。函数 Cover()的作用是课件运行后,遮盖演示窗口外的画面。函数 Resizewindow(800,600)用于设置演示窗口大小为 800×600。yybf 变量用于控制背景音乐的播放,当值为 FALSE 时播放,当值为 TRUE 时停止播放。后面四个变量分别用于控制音乐按钮、返回按钮、上一步按钮、下一步按钮的激活与无效,初始值全设为 FALSE,即四个按钮初始状态是无效,因为按钮交互类型为热区域响应,可见时设为激活,不可见时设为无效,可防止误操作。

5.6 课件片头的设置

拖入一个群组图标到流程线上,图标名为"课件片头"。双击打开群组图标,在流程线上拖入一个显示图标,导入封面图片 fm.jpg。拖入一个数字电影图标,双击之,导入片头动画 fm.avi,并在属性对话框中选择计时页面,在执行方式下拉框中选择同时。拖入一个等待图标,双击之,在属性对话框中只勾选单击鼠标和按任意键。拖入一个擦除图标,用于擦除片头动画。

5.7 导航按钮的设置

拖入一个交互图标到流程线上,命名为"导航按钮";拖入一个群组图标到交互图标右侧,命名为"教学目标",交互类型选择"按钮"。双击按钮标志,打开属性对话框,鼠标选择手形光标。单击左侧的"按钮…",弹出按钮设置对话框。单击"添加"按钮,弹出按钮编辑对话框,在左上角状态栏常规列中选未按,单击图案下拉框右边的导入按钮,导入教学目标(黄色)图片 ct1.jpg;在状态栏常规列中选择在上,单击图案下拉框右边的导入按钮,导入教学目标(红色)图片 ctt1.jpg;单击声音下拉框右边的导入按钮,导入一个音效文件 zr280.wav。这样,一个命名为"教学目标"的动态且有音效的按钮制作完成。依次拖入一个群组图标到交互图标的右侧,用同样方法制作习旧引新、类比引探、推导公式、巩固练习、课堂小结、拓展研究、相关知识等导航按钮。单击工具栏上的运行按钮,再选择【调试】/【调试窗口】,将各导航按钮按如图 5-5 所示的位置放置。

5.8 教学模块的设置

一般用 Authorware 制作的课件都是用等待图标,单击鼠标或按任意键后,显示下一步的内容,但不能返回上一步显示的内容,交互性不强。我们可以使用 Authorware 的函数和变量,通过"上一步"、"下一步"按钮,实现随意地向前或向后显示内容。下面以"习旧引新"模块为例,讲解具体设置方法(图 5-8)。

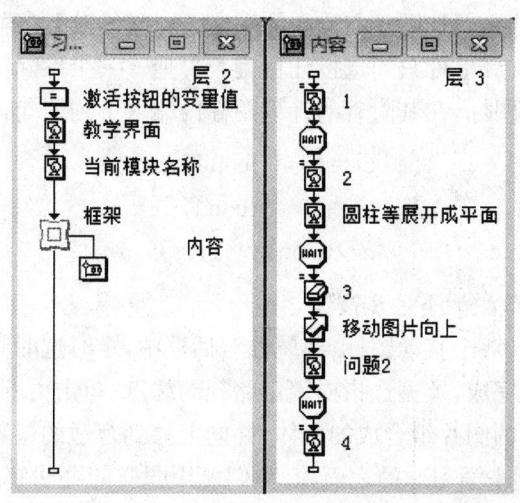

图 5-8 "习旧引新"模块流程图

双击"习旧引新"群组图标,拖入一个计算图标到流程线上,命名为"激活按钮的变量值",双击计算图标,在弹出的输入框中,输入下列语句:

$$musicicon:=TRUE$$
$$returnicon:=TRUE$$
$$yybf:=TRUE$$

用于激活音乐按钮、返回按钮。拖入一个显示图标,导入教学界面图片 jxbj.jpg。拖入一个显示图标,导入当前模块的名称图片 xjyx.bmp,并放置在教学界面下方正中位置。拖入一个框架图标到流程线上,双击框架图标,删除里面系统默认的导航面板与交互图标。在右侧拖入一个群组图标,图标名为"内容",双击打开群组图标,拖入一个显示图标,输入问题1:"我们前面已学习了圆柱、圆锥、圆台的侧面积,它们是怎么推导的?"特别要注意将其图标标题命名为"1",单击鼠标右键,选择"计算",在弹出的输入框中,输入下列语句:

$$t:=Eval(IconTitle)+1$$
$$s:=Eval(IconTitle)-1$$
$$previousicon:=FALSE$$
$$nexticon:=TRUE$$

语句 previousicon:=FALSE,使上一步按钮无效;语句 nexticon:=TRUE,使下一步按钮有效。
拖入一个等待图标到流程线上,事件只勾选按任意键。拖入一个显示图标,图标名为"2",

输入答案:"只要把它们的侧面沿着一条母线剪开后展开在平面上,展开图的面积就是它们的侧面积。它们的侧面可分别展开为矩形、扇形、扇环。"在其附着的计算图标内输入下列语句:

$$t_:=Eval(IconTitle)+1$$
$$s_:=Eval(IconTitle)-1$$
$$previousicon_:= TRUE$$

语句 previousicon:=TRUE,激活上一步按钮。

拖入一个显示图标,用于显示圆柱、圆锥、圆台以及侧面展开成矩形、扇形、扇环的图片(导入光盘中的相应图片),框选图片与输入的文字,选择【修改】/【群组】,将它们组合成一个整体。拖入一个等待图标,事件只勾选按任意键。再拖入一个擦除图标,图标名为"3",用于擦除标题为1、2的显示图标,在其附着的计算图标内输入下列语句:

$$t_:=Eval(IconTitle)+1$$
$$s_:=Eval(IconTitle)-1$$
$$nexticon_:= TRUE$$

语句 nexticon:=TRUE,激活下一步按钮。

拖入一个移动图标,双击移动图标,在属性对话框中,定时选时间,下面的输入框中输入2,执行方式选等待直到完成,类型选指向固定路径的终点,单击由圆柱、圆锥、圆台以及侧面展开成矩形、扇形、扇环的图片组合成的整体,并向上移到合适的位置。拖入一个显示图标,输入问题2:"今天,我们来学习球的表面积,我们能用同样的办法解决这个新课题么?"拖入一个等待图标,事件只勾选按任意键。拖入一个显示图标,图标名为"4",输入:"不行,因为球面不能展开成平面图形,所以球的表面积公式无法用展开图求出。"在其附着的计算图标内输入下列语句:

$$t_:=Eval(IconTitle)+1$$
$$s_:=Eval(IconTitle)-1$$
$$nexticon_:= FALSE$$

语句 nexticon:=FALSE,使下一步按钮无效。"习旧引新"模块运行效果如图 5-9。

其他教学模块内的设置方法与此基本相同,关键图标的标题命名从"5"开始,向后依次递推,可参见光盘第 5 章中的源程序。

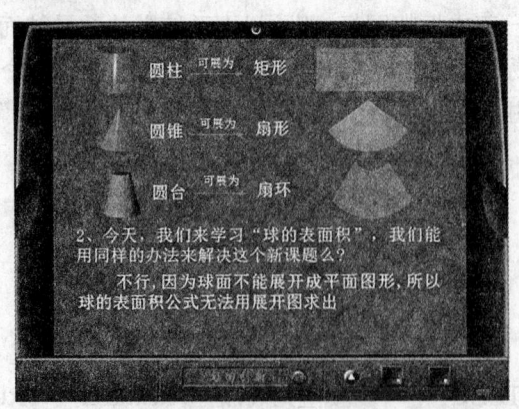

图 5-9 "习旧引新"模块运行效果

5.9 功能按钮的设置

1. 上一步与下一步按钮的设置

拖入一个交互图标到流程线上,放在导航按钮交互图标的前面(如图 5-7),图标名为"功能按钮"。拖入一个计算图标到交互图标的右侧,图标名为"下一步",在交互类型中选择热区域响应。双击热区域响应的标志,将热区域的小虚线长方形盖到教学界面"下一步"按钮的上面。在属性对话框中,鼠标选择手形光标,单击响应标签,范围勾选永久,分支下拉框中选返回,激活条件输入框内输入:nexticon。双击下一步计算图标,输入下面语句:

$$n:=String(t)$$
$$GoTo(IconID@n)$$

拖入一个计算图标到下一步计算图标的右侧,图标名为"上一步"。双击上一步热区域响应标志,将热区域的小虚线长方形盖到教学界面"上一步"按钮的上面,激活条件输入框内输入:previousicon,双击上一步计算图标,输入下面语句:

$$p:=String(s)$$
$$GoTo(IconID@p)$$

2. 音乐按钮的设置

在"课件片头"群组图标后拖入一个声音图标到流程线上,图标名为"背景音乐"。双击图标,在属性对话框中单击"导入"按钮,导入背景音乐文件 bjyy.wav。选择计时标签,执行方式下拉框中选同时,播放下拉框中选直到为真,在下面的输入框内输入:yybf。拖入一个计算图标到上一步计算图标的右侧,图标名为"音乐"。双击热区域响应标志,将热区域小的虚线长方形盖到教学界面"音乐"按钮的上面,激活条件输入框中输入:musicicon。双击音乐计算图标,输入下面语句:

$$yybf:=\sim yybf$$
$$MediaPlay(IconID@"背景音乐")$$

3. 返回按钮的设置

拖入一个计算图标到音乐计算图标的右侧,图标名为"返回"。双击热区域响应标志,将热区域的小虚线长方形盖到教学界面"返回"按钮的上面,激活条件输入框中输入:returnicon,双击返回计算图标,输入下面语句:

$$musicicon:=FALSE$$
$$returnicon:=FALSE$$
$$previousicon:=FALSE$$
$$nexticon:=FALSE$$
$$GoTo(IconID@"导航按钮")$$

4. 退出按钮的设置

拖入一个群组图标到返回计算图标的右侧,图标名为"退出"。双击热区域响应标志,将热区域的小虚线长方形盖到教学界面"退出"按钮的上面。双击退出群组图标,选择【窗口】/【面板】/【知识对象】,在弹出的对话框中选择消息框并双击,这时在流程线上出现一个消息框知识对象并出现一个对话框(图5-10)。单击 Next 按钮,在 Modality 项中选 Application Modal。单击 Next 按钮,在 Buttons 项中选 Yes、No。单击 Next 按钮,在 Icon 项中选 Question。单击 Next 按钮,在 Caption/message 项中,上面的标题输入:球的表面积;下面的提示信息输入:真的要退出吗?单击 Next 按钮,在 Returned Value 项中,为便于书写与记忆,将=wzMBReturnedValue 改为=quit。单击 Done 按钮完成消息框知识对象的属性设置。

在流程线上拖入一个判断图标,命名为选择;在其右侧拖入两个群组图标,图标名分别为"是"与"否"。双击判断图标标志,在弹出的属性框中,重复下拉框中选不重复,分支下拉框中选计算,并在下面的输入框中输入:Test(quit=6,1,2)。双击"是"群组图标,拖入一个计算图标到流程线上,图标名为"到片尾",双击计算图标,输入:GoTo(IconID@"课件片尾")。"否"群组图标内为空,不做任何设置(图5-11)。

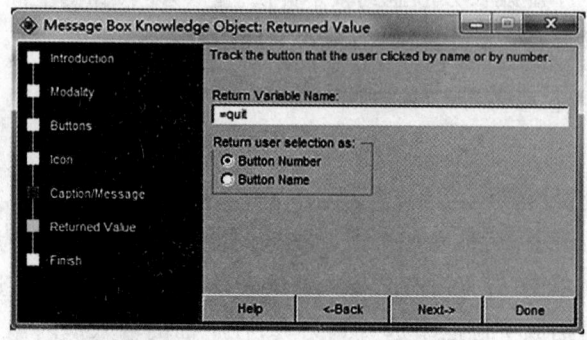

图 5-10 知识对象设置对话框

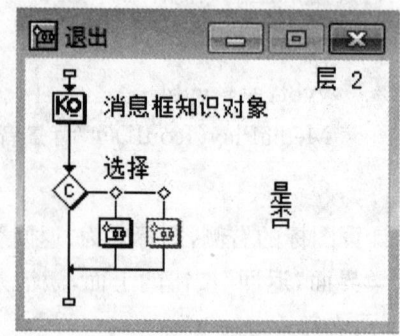

图 5-11 退出模块流程图

5.10 课件片尾的设置

拖入一个群组图标到流程线上"导航按钮"交互图标的下方,图标名为"课件片尾"。双击群组图标,拖入一个显示图标到流程线上,导入封底图片 fd.jpg。拖入一个声音图标到流程线上,图标名为"片尾音乐",双击图标,导入片尾音乐文件 pwyy.wav,在属性对话框计时页面的执行方式下拉框中选同时。拖入一个数字电影图标,图标名为"片尾动画",双击图标,导入片尾动画 fd. avi,在属性对话框计时页面的播放下拉框中选重复。拖入一个等待图标,属性对话框中,事件同时勾选鼠标与按任意键,去掉显示按钮前的勾选。拖入一个计算图标到流程线上,图标名为"退出课件",双击计算图标,输入下列语句:

$$\text{Uncover()}$$
$$\text{Quit(1)}$$

5.11 打包与运行的设置

课件调试完毕后,可将其打包成 exe 可执行文件。选择【文件】/【发布】/【打包】,在弹出的打包文件对话框的下拉列表框中,选择应用平台 WindowsXP,NT 和 98 不同,同时勾选打包时包含的全部内部库、打包时包含的外部之媒体、打包时使用的默认文件名,然后单击保存文件和打包按钮即可完成课件打包。另外,需将 Authorware 7.0 安装文件夹下的 Xtras 文件夹,a7vfw 32. xmo、AWIML 32. DLL、js 32. dll、VCT 32161. dll 四个文件,Authorware 扩展函数 cover. u32,课件用到的视频文件,与打包后的可执行文件放到同一文件夹中,这样打包后的可执行文件可在 Windows 7 系统下正常运行。需要注意的是,若视频文件是 mpg 格式,则需将 Authorware 7.0 安装文件夹下的 a7mpeg32. xmo 文件与打包后的可执行文件放在一个文件夹中,视频文件方能正常播放。

第三篇　Flash 篇

Flash 是美国 Macromedia 公司于 1996 年 12 月并购 FutureWave 公司,并将 FutureSplash Animator 更名为 Macromedia Flash 1.0 的一款二维动画软件。Flash 一经推出就获得了巨大的成功,版本也不断升级,先后推出了 Flash 2、Flash 3、Flash 4、Flash 5、Flash MX 和 Flash MX 2004。2005 年 4 月,Macromedia 被 Adobe 公司收购,同年推出了最新的 Flash Profressional 8 版本,后又相继推出了 Flash CS 3、Flash CS 4、Flash CS 5,直到现在的最新版本 Flash CS 6。

Flash 主要应用于网页动画设计和多媒体创作等领域,使用矢量技术制作动画,生成的文件尺寸小,时效性强。在网上采用流式技术播放,可以边下载边播放,降低了对带宽的要求,"减少"了用户的等待时间。Flash 软件支持大部分的多媒体格式文件,可以直接将矢量图形(如 EPS、FreeHand 或 Illustrator 文件)、位图(GIF、PNG、JPG、TIF 或 PCT 文件)、声音(WAV、MP3 或 AIF 文件),以及视频文件(AVI、MPEG 或 MOV 文件)导入到 Flash 中,并可进行适当的编辑。Flash 是一个交互性的多媒体制作程序,如果说 Flash 的心脏是基于矢量的绘图程序,那么它的身体就是多媒体创作程序。在 Flash 源文件(扩展名为.fla)中,不仅可以包含声音、静态图形、动画和视频,而且允许添加动作语句(Action Script)来动态控制导出动画(扩展名为.swf)的播放,使动画具有识别和响应用户输入的能力,从而实现交互。应用 Flash 软件制作的多媒体课件,具有动画性、交互性、兼容性好,多媒体整合效果好,视觉冲击力强,生成的文件体积小,可无损缩放而不影响显示质量等特点。

第 6 章　Flash CS 5 中文版的基本操作

6.1　Flash CS 5 的启动与界面介绍

安装 Flash CS 5 中文版后,在桌面上双击相应的图标,即可启动 Flash CS 5。在"欢迎屏幕"的新建栏中选"ActionScript 3.0",进入编辑窗口,如图 6-1 所示。

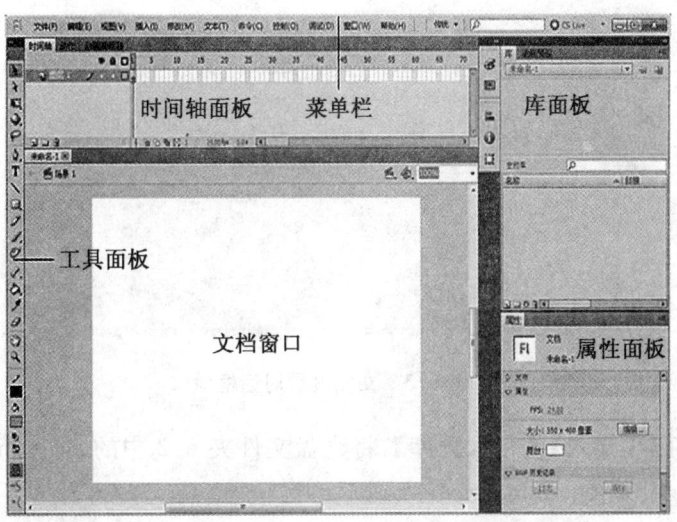

图 6-1　Flash CS 5 编辑窗口

6.2　逐帧动画制作

逐帧动画的每一帧内容都要我们自己设计,而不能由 Flash 自动生成。因此,只有在动画的每一帧图像都要改变而不只是简单的移动时,才使用逐帧动画。逐帧动画适用于制作较复杂的动画,但因每一帧都是关键帧,所以逐帧动画的文件体积增加的比过渡动画快,而且制作起来比较麻烦,往往先借助于其他的绘图工具将动画的每一帧设计好,再用导入方式导入。

实例 1　制作一个弹簧振子(图 6-2)。

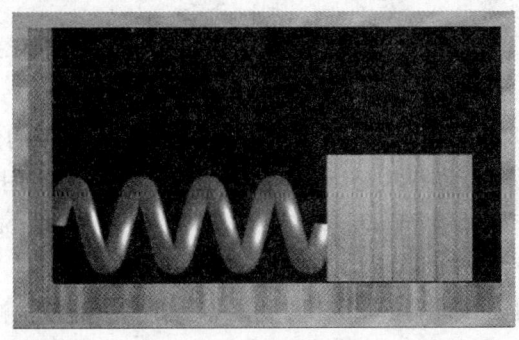

图 6-2　弹簧振子

[制作步骤]

1. 用 Photoshop 软件制作背景图片,再找一个弹簧的图片,用 Photoshop 制作 5 个长度不同的弹簧,具体见文件夹 6.2 中的相关图像文件。

2. 新建一个 ActionScript 3.0 文档,在右边的文档属性面板中,单击"编辑"按钮,在弹出的文档设置对话框中,将舞台尺寸设为 325×209,背景设为黑色,帧频设为 12(图 6-3)。

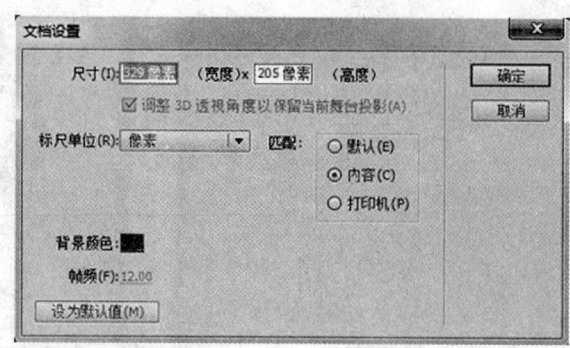

图 6-3 文档设置对话框

3. 选择【文件】/【导入】/【导入到库】,将光盘文件夹 6.2 中的文件 dh0.jpg,dh1.jpg,dh2.jpg,dh3.jpg,dh4.jpg,dhbj.jpg 导入到库。

4. 在时间轴面板中,双击"图层 1"文字,将其更改为"背景",然后将库中的 dhbj.jpg 拖到舞台中,并在右侧的属性面板的位置栏中将 x 设为 0,将 y 设为 0。

5. 单击时间轴面板下面最左边的新建图层按钮,新建一个图层,命名为"弹簧"。选中这一层的第一帧,将库中的位图 dh4.jpg 拖到舞台中,并在右侧的属性面板的位置栏中将 x 设为 29,将 y 设为 92。

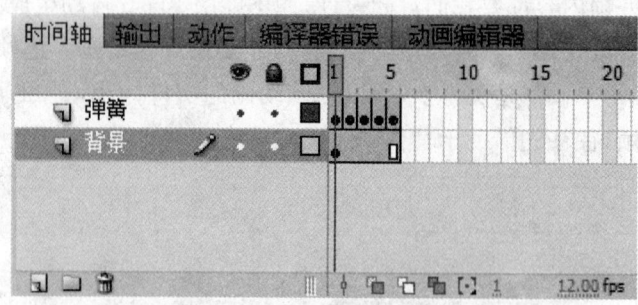

图 6-4 弹簧振子时间轴

6. 选择"弹簧层"第 2 帧,按 F7 键,插入一空白关键帧,将库中的位图 dh3.jpg 拖到舞台中,并在右侧的属性面板的位置栏中将 x 设为 29,将 y 设为 92。用同样方法,依次在第 3 帧、第 4 帧、第 5 帧插入空白关键帧,将库中的位图 dh2.jpg、dh1.jpg、dh0.jpg 依次拖入舞台,均将它们位置的 x 设为 29,y 设为 92。

7. 选择"背景"层的第 5 帧,按"F5"键,插入一普通帧,将第 1 帧中的内容延续到第 5 帧。最后将文件保存为"弹簧振子.fla",选择【控制】/【测试影片】/【在 Flash Professional 中】运行动画文件,影片测试后会在目标文件夹中生成文件"弹簧振子.swf"。

6.3 运动补间动画制制作

运动补间动画是 Flash 动画制作中最常用的动画,我们可以在起始帧给实例、组合对象或文本块定义属性(位置、大小、颜色或旋转角等),然后在结束帧中改变这些属性,中间的过渡帧就由 Flash 自动生成。若是矢量图形必须转换成元件才能创建运动补间动画。

实例 2　制作一个单摆(图 6-5)。

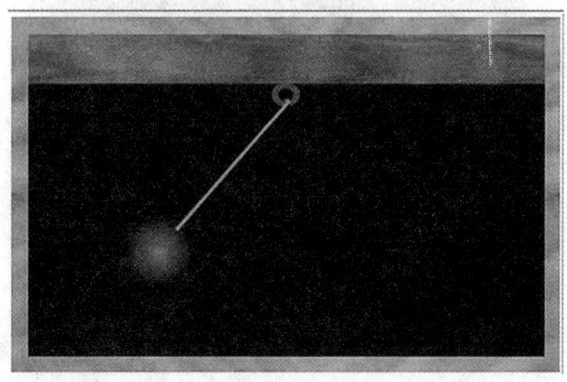

图 6-5　单摆

[制作步骤]

1. 新建一个 ActionScript 3.0 文档,并将文件保存为"单摆.fla"。在右边的文档属性面板中,单击【编辑】按钮,在弹出的文档设置对话框中,将舞台尺寸设为 325×209,背景设为黑色,帧频设为 12。

2. 选择【文件】/【导入】/【导入到库】,将光盘文件夹 6.3 中的文件 dbbj.jpg 导入到库。

3. 选择【插入】/【新建元件】,在创建新元件对话框中,将名称改为"单摆",类型为"影片剪辑"。在绘图面板中将笔触颜色设为无边框,填充颜色设为红色的径向渐变,即选填充颜色面板下面的红色小球。选择椭圆工具,按住 shift 键不放,画一个红色小球。将填充颜色设为橙色,用矩形工具画一个长方形,移动以与小球相接形成一个单摆。

4. 返回场景 1,将图层 1 命名为"背景",将库中位图 dbbj.jpg 拖到舞台,在第 60 帧按"F5"键,使第 1 帧内容延续到第 60 帧。单摆时间轴如图 6-6。

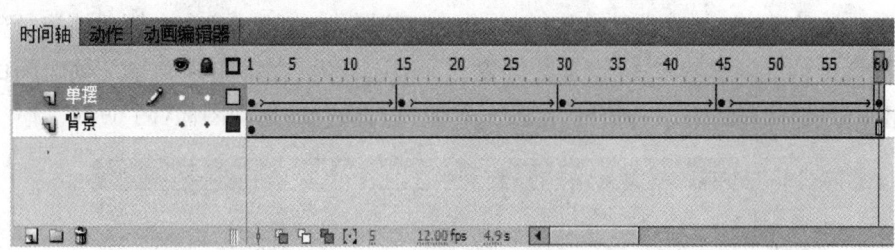

图 6-6　单摆时间轴

5. 新建一图层,命名为"单摆"。将单摆影片剪辑拖放到舞台中,用任意变形工具选中单摆影片剪辑,将单摆正中的变形中心拖到单摆顶端。移动单摆,使其顶端位于背景上边小圆处(图 6-7)。

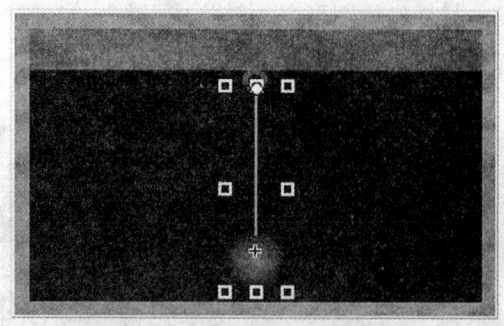

图 6-7　将单摆旋转中心移到顶端

6. 选中单摆层第 1 帧,将右边属性面板补间栏中的缓动设为 100,在第 15 帧按"F6"键,向右拖动小球,使之与单摆铅垂位置成 70 度角;将缓动设为 −100,在第 30 帧按"F6"键,拖动小球使单摆回到铅垂位置;将缓动设为 100,在第 45 帧按"F6"键,向左拖动小球,使之与单摆铅垂位置成 70 度角;将缓动设为 −100,在第 60 帧按"F6"键,拖动小球使单摆回到铅垂位置。选中第 1 帧并向右拖动至第 60 帧以选择所有的帧,选择【插入】/【传统补间】;或依次在两个关键帧之间单击鼠标右键,在弹出的菜单中选【创建传统补间】。最后测试影片。

实例 3　制作叠放文字。

[制作步骤]

1. 新建一个 ActionScript 3.0 文档,并保存文件为"叠放文字.fla"。在右边的文档属性面板中,单击【编辑】按钮,在弹出的文档设置对话框中,将舞台尺寸设为 420×100,背景设为黑色,帧频设为 12。

2. 选择【插入】/【新建元件】,在创建新元件对话框中,将名称改为"z1",类型为"图形"。选择文本工具,输入"南"字,在右侧属性面板中,将 x 的值设为 0,y 的值设为 0,字体设为"华文新魏",颜色设为"黄色"。在库面板中选中 z1 元件,单击鼠标右键,在弹出的菜单中选【直接复制】;在弹出的对话框中将名称改为"z2",双击 z2 元件,将字改为"通"。同样方法制作元件 z3、z4、z5、z6、z7、z8,对应的文字分别为高、等、师、范、学、校。

3. 返回场景 1,将 z1 元件拖到舞台中,设置其位置为 x:50,y:20,在第 7 帧按"F6"键插入关键帧,选择第 6 帧中的文字,设置其位置为 x:0,y:20。在第 1 帧和第 7 帧之间的任一帧单击鼠标右键,选择【创建传统补间】,使其产生从右向左的运动图像(图 6-8)。

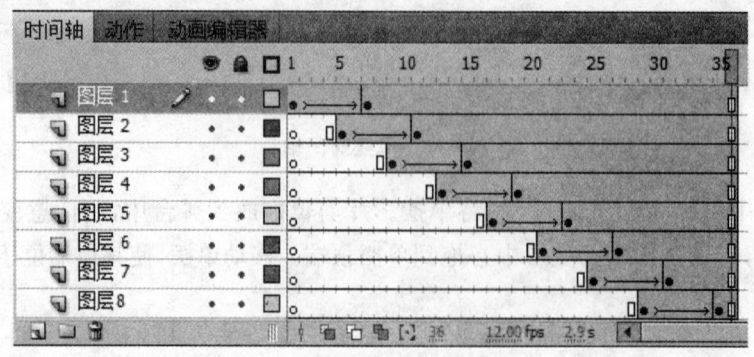

图 6-8　叠放文字时间轴设置(一)

4. 新建图层 2,并将其拖到图层 1 的下方。在第 5 帧按"F6 键",将 z2 元件拖到舞台中,将其位置设为 $x:50,y:20$,在样式下拉框中选 Alpha,并将其值设为 0%。在第 11 帧按"F6"键,选中该帧中的文字,将其 Alpha 值设为 100%。在第 5 帧与第 11 帧之间的任一帧右击,从弹出的菜单中选择【创建传统补间】,使它产生从暗到明的文字出现效果。

5. 新建图层 3,并将其拖到图层 2 的下方。在第 9 帧按"F6"键,将 z3 元件拖到舞台中,将其位置设为 $x:50,y:20$,在样式下拉框中选 Alpha,并将其值设为 0%。在第 15 帧按"F6"键,选中该帧中的文字,将其位置设为 $x:100,y:20$,Alpha 值设为 100%。在第 9 帧与第 15 帧之间的任一帧右击,从弹出的菜单中选择【创建传统补间】,使它产生从左向右的运动,把文字叠放出来。

6. 新建图层 4、5、6、7、8,仿照第 5 步的做法,创建各个汉字的运动过渡效果,时间轴窗口如图 6-9 所示。其中各层初始关键帧的文字位置均设为 $x:50,y:20$,Alpha 值设为 0%;结束关键帧文字位置的 x 值分别设为 150、200、250、300、350,y 值均设为 20,Alpha 值设为 100%。在第 1~8 层的第 36 帧按 F5 键,将各层结束关键帧的内容延续到第 36 帧。

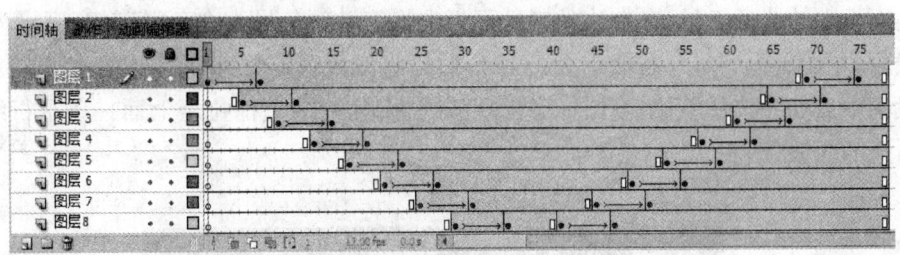

图 6-9　叠放文字时间轴设置(二)

7. 在第 8 层的第 41 帧按"F6"键插入关键帧,再在第 47 帧按"F6"键插入关键帧。选中第 47 帧中的文字,将其位置设为 $x:50,y:20$,Alpha 值设为 0%。在第 41 帧与第 47 帧之间的任一帧右击,从弹出的菜单中选择【创建传统补间】,使它产生从右向左的运动,把文字叠收回去。

8. 仿照第 7 步,在第 7 层的第 45 帧和第 51 帧分别插入关键帧,在第 1~6 层也插入相同的关键帧,并将第 1~7 层最后一个关键帧中的文字位置均设为 $x:50,y:20$,第 2~7 层最后一个关键帧中文字的 Alpha 值设为 0%。在第 1~7 层后面两个关键帧之间创建传统补间动画。最后在各层的第 78 帧按"F5"键,使各层最后关键帧的内容延续到第 78 帧,测试影片。

6.4　变形补间动画制作

在变形补间动画中,我们在起始关键帧中绘制图形,然后在结束关键帧中改变该图形或另画一个图形,中间的过渡帧是由 Flash 自动生成。除了改变图形的形状外,还可以改变图形的位置、大小、颜色等。注意:Flash 不能创建组合图形、元件、文本块和位图的变形补间动画,要创建这些元素的变形补间动画,必须先用【修改】/【分离】命令将这些元素打散。

实例 4 正弦函数图象的变换。

$$y = \sin x \rightarrow y = \sin\left(2x + \frac{\pi}{3}\right) \rightarrow y = 3\sin\left(2x + \frac{\pi}{3}\right)$$

[**制作步骤**]

1. 新建一个 ActionScript 3.0 文档,并保存文件为"图象变换.fla"。在右边的文档属性面板中,单击【编辑】按钮,在弹出的文档设置对话框中,将舞台尺寸设为 600×400,背景设为黑色,帧频设为 12。

2. 选择【插入】/【新建元件】,在创建新元件对话框中,将名称改为"zbz",类型为"影片剪辑"。用线条工具画一个直角坐标系,并用文本工具标上相应的数字和字母。

3. 返回场景 1,将库面板中的 zbz 元件拖到舞台中,并将图层 1 命名为"坐标轴",在第 30 帧按"F5"键插入一普通帧,使第 1 帧中的内容延续到第 30 帧。

4. 新建一图层,命名为"图象变换",选择【视图】/【标尺】,从水平标尺拉出两根平行线,使其分别过点 $(0,1)$ 和点 $(0,2)$,从铅直标尺拉出两根平行线分别过点 $(0,0)$ 和点 $(\pi,0)$。选择工具面板中的线条工具,在右边的属性面板中将笔触颜色设为白色,笔触高度设为 2。画一条线段,左端点为 $(0,1)$,右端点为 $(\pi,1)$,然后将线段所在的水平标志线移开,用鼠标单击线段的中点处并按住不放,当鼠标旁出现弧线标记时,向上拖拉至上面一条平行线,画出一个弓形的曲线(图 6-10)。

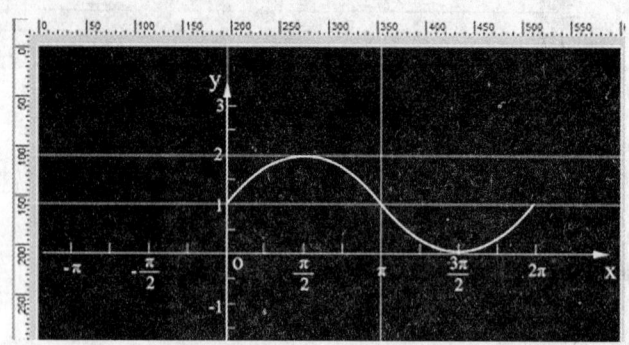

图 6-10 画坐标轴与正弦曲线

5. 选中弓形的曲线,选择【编辑】/【复制】,选择【编辑】/【粘贴到中心位置】。选中复制的弓形曲线,选择【修改】/【变形】/【垂直翻转】,移动垂直翻转后的图形,使其与原图形拼成 $y = \sin x$ 的图象。选中所画 $y = \sin x$ 的图象,将其起点移至原点,选择【修改】/【分离】,将图形打散。

6. 在"图象变换"层第 15 帧按"F7"键插入一空白关键帧,用步骤 4、5 中的方法制作 $y = \sin 2x$ 的图象,颜色为红色。选中所画 $y = \sin 2x$ 的图象,将其起点移至点 $\left(-\frac{\pi}{6}, 0\right)$,选择【修改】/【分离】,将图形打散。在第 1 帧至第 15 帧之间的任一帧右击鼠标,选择【创建补间形状】。

7. 在"图象变换"层第 30 帧按"F7"键插入一空白关键帧,用步骤 4、5 中的方法制作 $y = 3\sin 2x$ 的图象,颜色为绿色。选中所画 $y = 3\sin 2x$ 的图象,将其起点移至点 $\left(-\frac{\pi}{6}, 0\right)$,

选择【修改】/【分离】,将图形打散。在第 15 帧至第 30 帧之间的任一帧右击鼠标,选择【创建补间形状】(图 6-11)。最后保存文件,测试影片。

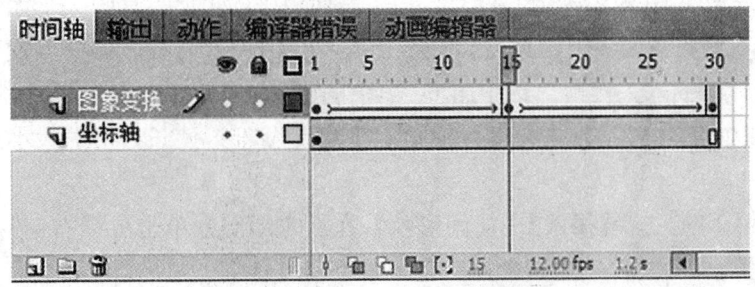

图 6-11　正弦函数图象变换时间轴

6.5　遮罩动画制作

遮罩动画的原理为被遮罩层中的内容按照遮罩层中的图形的形状显示出来。在 Flash 中,我们往往使用遮罩层制作一些特效,通过遮罩层中的"孔"、"洞"、"窗口"透视下一层的内容。

实例 5　模拟画正弦函数的图象。

[制作步骤]

1. 新建一个 ActionScript 3.0 文档,并保存文件为"正弦函数.fla"。在右边的文档属性面板中,单击【编辑】按钮,在弹出的文档设置对话框中,将舞台尺寸设为 600×400,背景设为黑色,帧频设为 12。

2. 选择【插入】/【新建元件】,在创建新元件对话框中,将名称改为"zbz",类型为"图形"。用线条工具画一个直角坐标系,并用文本工具标上相应的数字和字母。

3. 返回场景 1,将库面板中的 zbz 元件拖到舞台中,并将图层 1 命名为"坐标轴",在第 30 帧按"F5"键插入一普通帧,使第 1 帧中的内容延续到第 30 帧(图 6-12)。

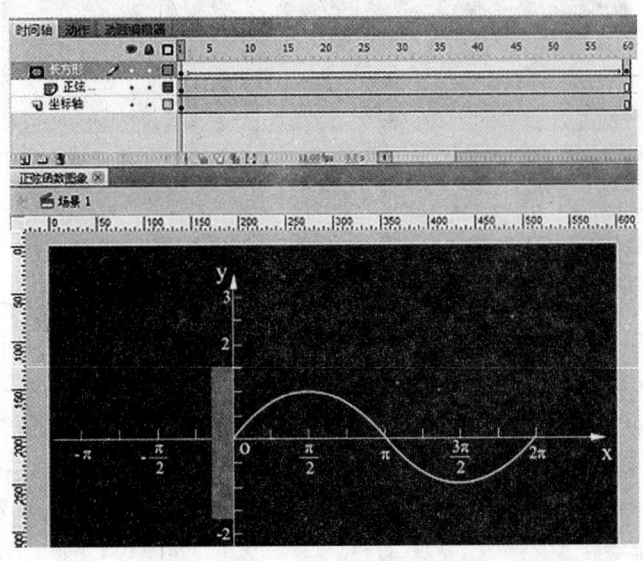

图 6-12　画正弦函数图象的时间轴设置

4. 新建一图层,并命名为"正弦图象"。用第 6.4 节实例 4 中的方法制作一正弦函数的图象,并将图象起点移到坐标原点。

5. 新建一图层,并命名为"长方形"。用工具面板中的矩形工具画一个无笔触颜色的红色长方形,在右侧属性面板中设宽为 23,高为 160,并将长方形右边的中点置于原点处。在第 60 帧按"F6"键插入关键帧。选中第 60 帧中的图形,选择任意变形工具,将变形中心移至长方形左侧中点处;然后在右侧属性面板中将宽设为 350,使长方形的大小能覆盖整个正弦曲线。

6. 选中第 1 帧,选择【插入】/【补间形状】,在长方形层上单击鼠标右键,在弹出的菜单中选【遮罩层】。保存文件并测试影片。

实例 6 制作"闪闪的红星"。

[制作步骤]

1. 新建一个 ActionScript 3.0 文档,并保存文件为"闪闪的红星.fla"。在右边的文档属性面板中,单击【编辑】按钮,在弹出的文档设置对话框中,将舞台尺寸设为 400×400,背景设为黑色,帧频设为 12。

2. 选择【插入】/【新建元件】,在创建新元件对话框中,将名称改为"红星",类型为"图形"。用工具面板中的线条工具画一条线段,笔触颜色为白色,笔触高度为 1。选中线段,选择【修改】/【分离】,将线段打散。

3. 用选择工具选择所画线段,选择【窗口】/【变形】,在变形对话框的旋转角度输入框内输入 36,按"回车"键;再按最下面左边的"重制选区和变形"按钮 4 次,如图 6-13 所示。

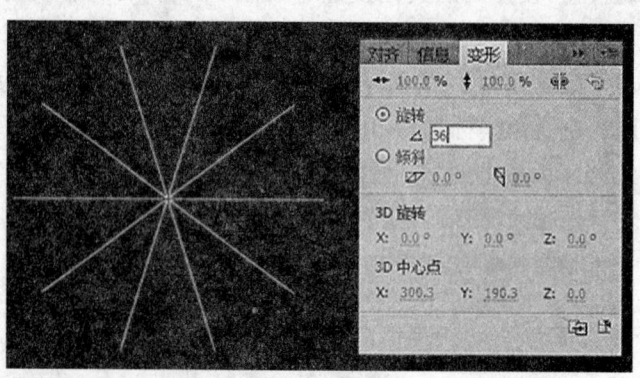

图 6-13 复制线(一)

4. 用工具面板中的选择工具分别拖动这 10 条线段,将其组成一个五角星图形。选择线条工具,从五角星的各顶点画角平分线。

5. 选择【窗口】/【颜色】,在颜色窗口中,颜色类型选"线性渐变",在渐变色调整条下将两个色标调整为红色和黑色,形成由红到黑的渐变色。选择工具面板上的颜料桶工具,在工具面板上方点击"空隙大小"按钮,选择"封闭小空隙",在五角星中每隔一个三角形进行填充,油漆桶位置应尽可能靠近中心。在颜色对话框中,将渐变色调整条下的红色标调为白色,黑色标调为红色,用此渐变色将五角星中剩下的三角形填充,油漆桶位置也应尽量靠近中心,如图 6-14 所示。

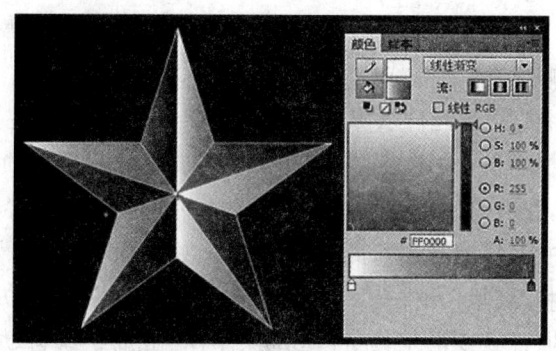

图 6-14 填充渐变式

6. 选择【插入】/【新建元件】,在创建新元件对话框中,将名称改为"线",类型为"图形"。用工具面板中的线条工具画一条线段,长度约 320 像素,笔触颜色为黄色,笔触高度为 3。

7. 选择【插入】/【新建元件】,在创建新元件对话框中,将名称改为"线 1",类型为"图形"。选择【视图】/【网格】/【显示网格】,打开网格线。将库面板中的"线"元件拖到工作区,将其右端与工作区的中心对齐。选中线段,选择工具面板中的"任意变形工具",将线段中间的变形中心移到工作区中心下方两个方格处。

8. 选择【窗口】/【变形】,在变形面板的旋转角度输入框中输入 15,然后连续单击变形对话框最下方左边的"重制选区和变形"按钮,复制出如图 6-15 所示的图形。

图 6-15 复制线(二)

9. 选择【编辑】/【全选】,将所有对象选中,执行【修改】/【分离】,打散所有对象,使之成为最初的矢量线,然后选择【修改】/【形状】/【将线条转换为填充】,将矢量线转换为矢量图形(只有将矢量线转换为矢量图形,才能在遮罩中使用)。

10. 选择【插入】/【新建元件】,在创建新元件对话框中,将名称改为"线 2",类型为"图形"。将库面板中的"线"元件拖到工作区,将其右端与工作区的中心对齐。选中线段,选择工具面板中的"任意变形工具",将线段中间的变形中心移到工作区中心上方两个方格处。同步骤 8,在变形对话框中,将旋转角度设为 15,然后连续单击变形对话框最下方左边的"重制选区和变形"按钮,复制出类似如图 6-15 所示的图形。

11. 返回场景 1,选择【视图】/【标尺】,分别用鼠标从标尺上拖出纵横两条引导线以确定舞台的中心。将"线2"元件从库面板拖放到舞台中，并使其位置与舞台中心重合。在第60帧按"F5"键插入普通帧。

12. 新建图层2，将"线1"元件从库面板拖放到舞台中，调整其位置，使其与舞台中心重合。在第60帧按"F6"键插入关键帧，在第1帧与第60帧之间任一帧右击，在弹出的菜单中选择**【创建传统补间】**，在右侧属性面板的旋转下拉框中选"顺时针"。在图层2上单击鼠标右键，在弹出的菜单中选择**【遮罩层】**，此时出现光芒效果。

13. 新建图层3，将"红星"元件从库面板拖放到舞台中，调整其位置，使其与舞台中心重合，选择工具面板中的"任意变形工具"将其适当缩小。此时系统自动将第1帧延续到第60帧(图6-16)。最后保存文件，测试影片。

图6-16 "闪闪的红星"时间轴设置

6.6 运动路径动画制作

在Flash CS 5 中，通过添加传统运动引导层，创建路径运动的动画。

实例7 制作交流电波(图6-17)。

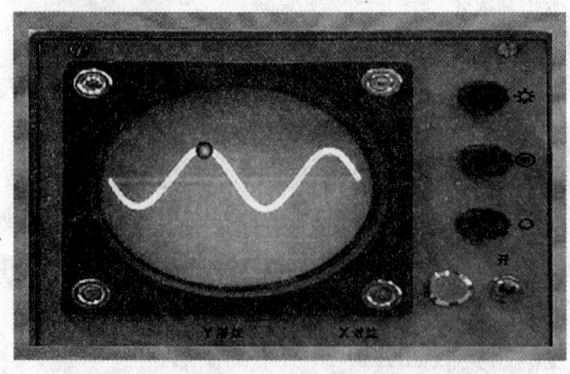

图6-17 交流电波

[制作步骤]

1. 新建一个 ActionScript 3.0 文档,并将文件保存为"交流电波.fla"。在右边的文档属性面板中,单击【编辑】按钮,在弹出的文档设置对话框中,将舞台尺寸设为 330×204,背景设为黑色,帧频设为 12。

2. 选择【文件】/【导入】/【导入到库】,将光盘文件夹 6.7 中的文件"交流电.jpg"导入到库。

3. 返回场景 1,将图层 1 更名为"背景",将库面板中的位图"交流电.jpg"拖放到舞台中,并与工作区对齐。在第 50 帧按"F5"键使第 1 帧内容延续到第 50 帧。

4. 新建图层 2,并更名为"小球",在工具面板中选择填充颜色,在弹出的颜色面板中选择下方的绿色小球,即实现绿色到黑色的径向渐变,将工具面板中的笔触颜色设为无。选择工具面板中的椭圆工具,按住"shift"键不放,画一个小球。在小球图层的第 50 帧按"F6"键插入关键层。

5. 在小球图层上单击鼠标右键,在弹出的菜单中选择【添加传统运动引导层】。隐藏小球层,选中引导层的第 1 帧,用工具面板中的直线工具,沿背景图上的交流电正弦曲线画一折线(图 6-18)。

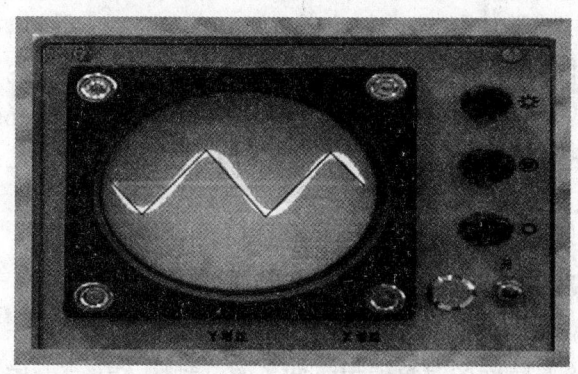

图 6-18 画折线

6. 显示小球层,选中小球层第 1 帧中的小球,将其移至折线的起点;选中小球层第 50 帧中的小球,将其移到折线的末端。在第 1 帧与第 50 帧之间任一帧右击,选择【创建传统补间】(图 6-19)。保存文件,测试影片。

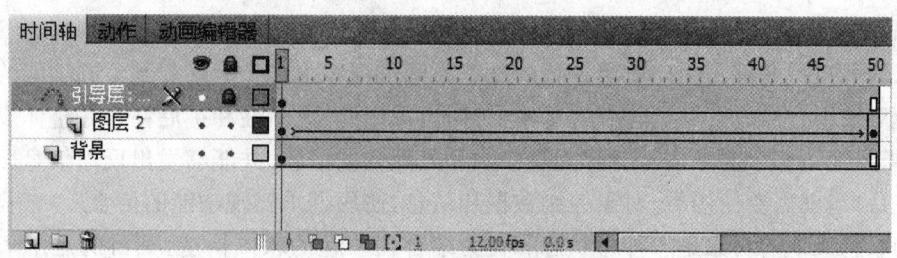

图 6-19 交流电波时间轴

第 7 章 ActionScript 3.0 语言基础

ActionScript 是针对 Flash Player 运行环境的编程语言,它具有处理各种人机交互、数据交互等功能。最初在 Flash 中引入 ActionScript,目的是为了实现对 Flash 影片的播放控制,而发展到今天,其应用已扩展到了多个领域,能够实现丰富的功能。ActionScript 3.0 的推出使 Flash 脚本语言的发展上升到了一个新的高度,其代码执行的速度最多可以比原先的 ActionScript 代码快 10 倍。ActionScript 3.0 最基本的应用是与创作工具 Adobe Flash CS 5 结合,创建各种不同的应用特效,实现丰富多彩的动画效果,使 Flash 创建的动画更加人性化,更具有弹性效果。Flash 与 ActionScript 脚本语言结合也被广泛应用于课件制作领域,不仅包含纯粹的教育领域,企业和政府机构的培训课程,也都已经开始使用 Flash 和 ActionScript 语言来进行创作和实施教学。因此要学好 Flash 课件制作或者让自己的课件制作水平上一个台阶,必须学习并掌握基本的 ActionScript 3.0 程序设计知识。本章仅介绍与课件制作密切相关的 ActionScript 3.0 语言基础。在 Flash CS 5 中有两种写入 ActionScript 3.0 代码的方法:(1)在时间轴的关键帧中加入 ActionScript 代码。(2)在外部写出一个单独的 ActionScript 类文件,然后绑定或者导入到 fla 文件中。本书为降低难度,只介绍第一种方法。

7.1 面向对象编程概述

ActionScript 3.0 是为面向对象编程而准备的一种脚本语言。本节将简要介绍面向对象编程的基本概念。面向对象编程(Object Oriented Programming,OOP)是指面向对象程序设计,它是一种计算机编程架构。

程序(program)是为实现特定目标或者解决特定问题而用计算机语言编写的命令序列的集合。它可以是一些用高级程序语言开发的可以运行的可执行文件,也可以是一些用应用软件制作的可执行文件,比如 Flash 编译之后的 swf 文件。

编程是为了实现某种目的或需求,使用各种不同的程序语言进行设计,编写能够实现这些需求的可执行文件。面向对象编程的基本原则是程序由多个能够起到不同功能的组织单元或者对象组合而成。其要达到的基本目标是:重用性、灵活性和扩展性。在整体设计的过程中,需要使每一个对象(单元)都能够接收和处理数据信息,并能够发出反馈信息。为了实现这些目标,就需要使用类、对象控制数据和信息,使用继承实现功能的衍生。

抽象意义上的对象是一种将状态和行为结合在一起的软件构造,其目的是用来描述真实世界的一个物理或概念性的对象。实际意义上的对象指一个具体的实体或实例,即实实在在存在着的物体。在通常情况下,对象使用属性和方法来描述。属性指对象状态所对应的数据,比如人这一对象,其有身高、体重等属性。方法指对象所能发生的行为,比如人有吃饭、穿衣等行为。

另外,需要知道对象在什么时间发生了什么行为,或者对象在什么时间执行了什么操作。为了达到这个目的,在编程过程中使用"事件"这一概念来描述对象做了什么,有什么动作,或者接受了什么动作。

类是抽象化的概念,比如"自行车"。对象是类的具体化,比如"我的自行车"。

继承是指一个对象直接使用另一个对象的属性和方法。比如"汽车"是一个大的对象,它可以分为各种不同的车型,如小汽车、卡车、公共汽车等。它们都具有汽车的全部特征,如都有4个轮子、都能够被驾驶等。这样就可以用"汽车"这一对象来概括它们共有的这些特征,各种不同车型的车都可以使用"汽车"对象的属性和方法,这就是继承。习惯上将上一级对象的类称为"父类",将从父类继承而得到的类称为"子类"。

接口是指实现在计算机不同功能层之间相互通信的实施规则。API(Application Programming Interface)指应用程序编程接口,是实现程序不同功能之间相互通信的接口技术和方法。

7.2 ActionScript 3.0 代码的基本规范

1. AS 3.0 代码区分大小写,如 play()是正确的,Play()和 PLAY()都是错误的。输入代码时请在英文半角状态下输入。注意:AS 3.0 代码内置的关键字在正确输入后都会改变颜色,如果没有变化,说明输入有误。

2. AS 3.0 代码每一句以分号(;)结束。

3. AS 3.0 注释常用的方式有两种:一种是//,适合单行注释;另一种是/* */,适合多行注释。

4. 使用点(.)语法。"."在 Flash 代码中的应用有两种:一是用来表示路径;二是用来连接对象和对象的属性与方法。如一个影片剪辑 mc 的位置的横坐标用 mc.x 表示,播放表示为 mc.play(),停止播放表示为 mc.stop()。

5. 使用[ ]语法。[ ]也称数组符号,可以在某些方面代替"."语法,[ ]中的值可以是变量,也可以是动态引用值。

7.3 常量与变量

变量和常量都是为了储存数据而创建的。变量和常量就像一个容器,用于容纳各种不同类型的数据。变量必须先声明后使用,否则编译器会出错。

在 ActionScript 3.0,使用 var 关键字来声明变量。格式如下:

var 变量名:数据类型;

var 变量名:数据类型=值;

ActionScript 3.0 支持一个关键字同时声明多个变量,多个变量使用逗号分开。

如:var a:int=10,b:int=20,c:int=30;

变量命名时它的第一个字符必须是字母、下划线(_)或美元记号($),其后的字符必须是字母、数字、下划线或美元记号。不能使用 ActionScript 3.0 的关键字与保留字。

使用 const 声明常量,格式如下:
const 常量名:数据类型;
const 常量名:数据类型=值;

7.4 基础数据类型

1. 布尔型:Boolean

布尔型是用来表示真假的数据类型。只有两个值:true 或 false。初始值为 false。

2. 数值型:int、uint、Number

在 ActionScript 3.0 中处理数字有三种数据类型:int、uint 和 Number。其中,int 和 uint 是整数数值用来处理整数,unit 是无符号型整数,Number 用来处理浮点数(小数)。

3. 字符串:String

字符串就是一串字符,但大家要注意 AS 3.0 中的字符串与通常大家在计算机中学的一个汉字等于两个字节不同,那是针对 ASCII 编码而言的。在 AS 3.0 中字符是指 Unicode 字符,一个汉字也只为一个字符长度。

如var caiTitle:String="Flash 课件制作";
   trace(caiTitle.length);//输出值为 9

在字符串中使用\n 表示换行,\r 表示回车。字符串的值一般要使用引号引起来。

4. 数组:Array

数组与前面的数据类型不同,前面的被称为基元数据类型,而数组是复杂数据类型,它存储的值是由一些基元数据类型构成的。数组存储的通常是一组值,即在编程过程中,如果想要统一存储多个具有共同特性的变量,可以使用数组作为存取的工具。

var arr1:Array;//没有提供值的,默认值是 null
var arr2:Array=[1,2,3,4];//建立一个含有整数 1、2、3、4 的数组
var arr3:Array=new Array(1,2,3,4);//使用 Array 类建立一个数组,内容为 1、2、3、4
Var arr4:Array=new Array(5);//声明一个长度为 5 的空数组,所有的元素都为空

5. 对象:Object

Object 数据类型是由 Object 类定义的。Object 类用作 ActionScript 中所有类定义的基类。Object 的成员有两个:一个是属性,用来存放各种数据类型;一个是方法,用来存放函数对象。成员的名字有时被称为键,成员被称为与这个键对应的值。

var obj:Object={name:"南通高师",url:" http://www.ntgs.com.cn/"};//定义属性
var obj:Object={hello:function hello():void{trace("你好,欢迎来南通高师!")}};//定义方法
trace(obj.name);//输出:南通高师
trace(obj.url);//输出:http://www.ntgs.com.cn/
obj.hello()//输出:你好,欢迎来南通高师!

6. 数据类型转换
➤ 字符串型数字字符转换为数值数据类型用 Number() 函数转换。
➤ 数值数据类型转换为字符串型数据类型用 String() 函数转换。

7.5 运算符与表达式

1. 赋值运算符

赋值运算符"="是将等号右边的值赋给左边的变量。语法格式是：变量名＝值。注意：只能给声明过的变量赋值，以下代码符合标准：

var a:int=1;//声明一个变量，并赋值
var b:String;//声明一个变量，未赋值
b="Welcome";//给声明过的变量赋值

2. 算术运算符

算术运算符共有 6 个，分别为加＋、减－、乘＊、除/、求模％和求反－运算。
求模运算实际上就是数学中的求余数的运算，求反运算实际上就是求一个值的相反数。

3. 关系运算符

关系运算符用于比较两个操作数的值的大小关系，其结果是布尔值 true 或 false。
判断大小关系：＞大于、＜小于、＞=大于等于、＜=小于等于。
判断相等关系：==等于、!=不等于、===严格等于、!==不严格等于。
注意：通常意义上的相等是指通过数据类型的转换能够实现相等，严格相等是指数值相等且数据类型相同。

var a:int=3;
var b:uint=3;
var c="3";
trace(a==c);//输出：true
trace(a===c);//输出：false

4. 逻辑运算符

逻辑运算符分别对应逻辑中的与(&&)、或(||)、非(!)三种运算。与运算是两者全为真才为真，或运算是两者有一个真结果为真，非相当于求反运算。

trace(4>3 && 5<6);//输出：true
trace(4>3 || 6<5);//输出：true
trace(!4>3);//输出：false

5. 其他运算符

typeof 运算符用于测试对象的类型。如：
trace(typeof(10));//输出：number
is 运算符用于判断一个对象是否属于一种数据类型，返回 Boolean 型变量，如果对象属于同一类型则返回 true，否则返回 false。如：
trace("5" is Number);//输出：false
as 运算符和 is 运算符的使用格式相同，但返回值不同，如果对象的类型与 as 给出的类

型相同,返回对象的值,若不同则返回 null。如:
trace("5" as String);//输出:5

7.6 条件语句

1. if…else 条件语句

语法格式:if(条件表达式){

    程序 A

  }else{

    程序 B

  }

2. if…else if…else 语句

语法格式:if(条件表达式 1){

    程序 1

  } else if(条件表达式 2){

    程序 2

  } else {

    程序 3

  }

3. switch 语句

switch 语句相当于一系列的 if…else if…else 语句,但是比 if 语句要清晰得多。switch 语句不是对条件进行测试以获得布尔值,而是对表达式进行求值,并根据计算结果确定要执行的代码块。

语法格式:switch(表达式){

    case 1:

     程序 1;

    break;

    case 2:

     程序 2;

    break;

    case 3:

     程序 3;

    break;

    default:

    默认执行程序;

  }

下面使用 switch 语句结合 Date.getDay()方法返回的日期值输出当前的日期,代码如下所示:

  //获取当前时间

```
var date:Date=new Date();
//获取当前是星期几
var dd:uint = date.getDay();
switch (dd)
{
case 0:
    trace("今天星期日");
    break;
case 1:
    trace("今天星期一");
    break;
case 2:
    trace("今天星期二");
    break;
case 3:
    trace("今天星期三");
    break;
case 4:
    trace("今天星期四");
    break;
case 5:
    trace("今天星期五");
    break;
case 6:
    trace("今天星期六");
    break;
}
```

7.7 循环语句

1. for 循环语句

语法格式：for(初始化;循环条件;步进语句){
　　　　　循环体
　　　　}

如下面这段代码用来计算 1~100 的自然数之和：

```
var sum=0;
for (var i:int=1;i<=100;i++){
   sum=sum+i;
}
```

trace("sum="+sum);

2. while 循环语句

语法格式：while(循环条件){
   循环体
  }

3. do…while 循环语句

语法格式：do{
   循环体
  }while(循环条件)

4. for…in 和 for each…in

for…in 和 for each…in 语句用来枚举一个集合中所有的元素。数组 Array 和 Object 都可以看做是集合。

```
//执行 for in 遍历操作
var arr:Array=["one","two","three"];
for(var i:String in arr){
    trace(arr[i]);
}


//for each in 遍历操作
for each(var k in arr){
    trace(k);
}
```

7.8 函数

函数语句定义法

格式：function 函数名(参数1:参数类型,参数2:参数类型…):返回类型{
   //函数体
  }

下面的代码定义一个求和 sum 函数，并调用函数，输出调用结果。

```
function sum(a:int,b:int):int{
    return a+b;//return 为返回关键字
}
trace(sum(1,2));//输出:3
```

第 8 章 影片剪辑与事件处理

影片剪辑(MovieClip)类是 ActionScript 用来控制 Flash 创作的动画元素的重要工具。通过 MovieClip 类的属性和方法,可以控制影片的播放与停止、正放和倒放,也可以动态地控制影片剪辑的播放顺序。只要是在 Flash 中创建的影片剪辑元件,Flash 就会自动将该元件添加到文档的库中,MovieClip 会默认其为该类的一个实例,也就具有了该类的属性和方法。

显示对象容器中可以放入显示对象的子类。舞台(stage)本身也是一个容器,常用的显示对象容器有 Sprite、MovieClip 和 Shape。在 ActionScript 3.0 中,要把一个对象显示在屏幕中,需要做两步工作:一是创建显示对象;二是把显示对象添加到容器的显示列表中。加入显示列表的方法为 addChild(),格式为:容器对象.addChild(显示对象);移除位于显示对象列表中的显示对象的方法为 removeChild(),格式为:容器对象.removeChild(显示对象)。

8.1 影片剪辑的常用属性

改变或控制影片剪辑,最直接的方法就是改变影片剪辑的属性,如位置、大小、角度等。改变影片剪辑属性的方法为:影片剪辑实例名.属性=值。

1. 位置属性——X,Y。如:mc.x=120;mc.y=200;
2. 大小属性——宽度"width"和高度"heigh",如:mc.widht=60;mc.heigth=80;
3. 透明度属性——alpha;
4. 旋转角度属性——rotation;
5. 缩放属性——scale$X$,scale$Y$;
6. 可见属性——visible。

说明:Flash 的坐标系原点位于舞台的左上角,向右为 x 轴的正方向,向下为 y 轴的正方向。

8.2 动态加载并控制库中的影片剪辑

在 ActionScript 2.0 中被广泛使用的 duplicateMovieClip()、attachMovieClip()函数在 ActionScript 3.0 中被去掉了。现在要实现相同的效果需要在库中建立链接,然后通过使用 new 语句创建该类的实例,实现类似于复制的效果。

实例 1 奇妙的曲线(图 8-1)。

图 8-1 奇妙的曲线

[制作步骤]

1. 新建一个 ActionScript 3.0 文档,并将文件保存为"奇妙的曲线.fla"。在右边的文档属性面板中,单击【编辑】按钮,在弹出的文档设置对话框中,将舞台尺寸设为 500×300,背景设为黑色,帧频设为 12。

2. 选择【插入】/【新建元件】,在创建新元件对话框中将名称改为"mc1",类型为"影片剪辑"。在绘图面板中将笔触颜色设为黄色。选择线条工具,按住"shift"键不放,画一条水平线段,使线段的中点与工作区中心重合。

3. 选中线段,选择【窗口】/【变形】,在变形对话框的旋转角度输入框中输入 45,用箭头选择工具,拖拉线段成一弓形(图 8-2)。

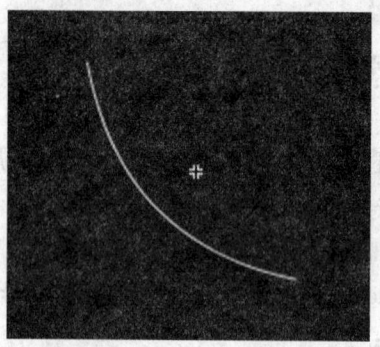

图 8-2 将直线拉成弓形(一)

4. 在第 25 帧和第 50 帧分别按"F6"键插入关键帧。选中第 25 帧,用箭头选择工具调整弓形,如图 8-3 所示。

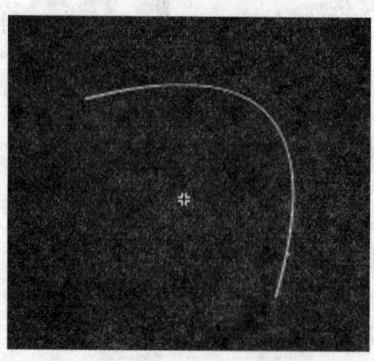

图 8-3 将直线拉成弓形(二)

5. 选中第1帧，右击鼠标，选择【创建补间形状】，使第1～25帧形成变形动画。选中第25帧，右击鼠标，选择【创建补间形状】，使第25～50帧形成变形动画(图8-4)。

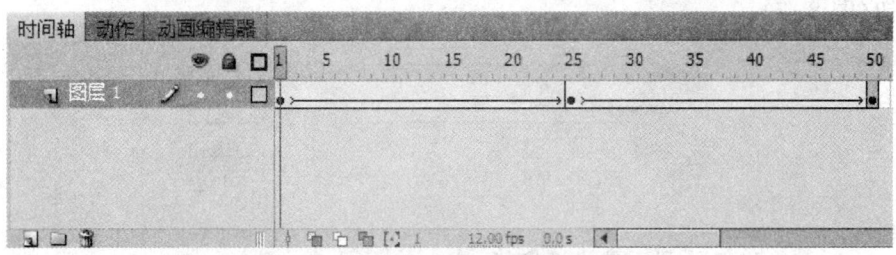

图8-4　影片剪辑mc1的时间轴

6. 选择【插入】/【新建元件】，在创建新元件对话框中将名称改为"mc2"，类型为"影片剪辑"。将库面板中的mc1影片剪辑拖入工作区，使其中心与工作区中心重合。在第25帧和第50帧分别按"F6"键，增加两个关键帧。

7. 选中第1帧，在右侧属性面板色彩效果栏的样式下拉框中选择"色调"，将红色设为255，绿色设为0，蓝色设为0。选中第25帧，用同样方法将红色设为0，绿色设为255，蓝色设为0。选中第50帧中，将红色设为0，绿色设为0，蓝色设为255(图8-5)。

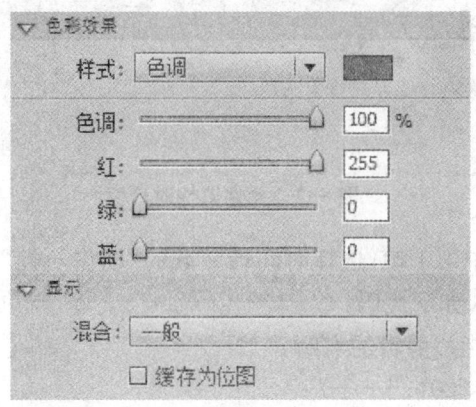

图8-5　色彩效果设置

8. 在时间轴窗口中，在第1帧上单击鼠标右键，在弹出的菜单中选择【创建传统补间】，使第1～25帧形成运动动画。在第25帧上单击鼠标右键，在弹出的菜单中选择【创建传统补间】，使第25～50帧形成运动动画(图8-6)。

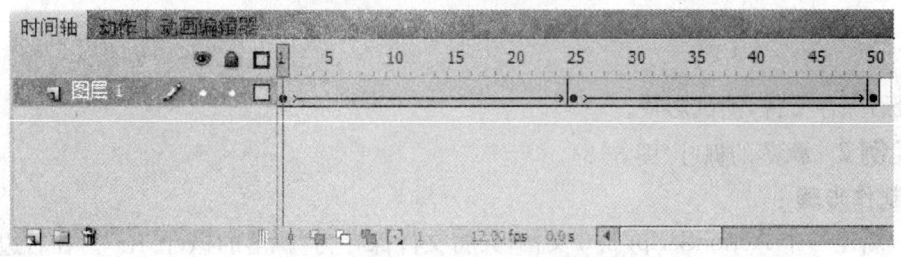

图8-6　影片剪辑mc2的时间轴

9. 选中库面板中的 mc2 影片剪辑,单击鼠标右键,选择【属性】,在弹出的属性对话框中,在链接栏中勾选"为 ActionScript 导出",其他均采用系统默认值,然后单击"确定"按钮(图 8-7)。

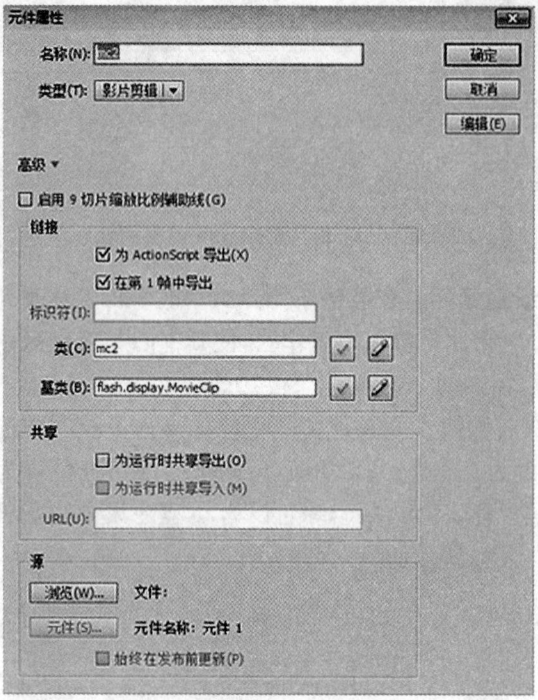

图 8-7 元件属性对话框

10. 返回场景 1,选中第 1 帧,选择时间轴区域的"动作—帧"标签页或按"F9"键,在弹出的代码输入面板中输入如下代码:

//创建 200 个 mc2 影片剪辑的实例
for(var i:int=1; i<201; i++)
{
    var mymc=new mc2();//创建影片剪辑 mc2 的实例
    addChild(mymc);//将实例添加到显示列表
    mymc.x = 3 * i;//改变实例的横坐标
    mymc.y = 150;//设置实例的纵坐标
    mymc.rotation = 6 * i;//设置实例的旋转角度
}

最后保存文件,测试影片。

实例 2 飘落的枫叶(图 8-8)。

[制作步骤]

1. 新建一个 ActionScript 3.0 文档,并将文件保存为"飘落的枫叶.fla"。在右边的文档属性面板中,单击"编辑"按钮,在弹出的文档设置对话框中,将舞台尺寸设为 550×344,背景设为灰色,帧频设为 12。

图 8-8 飘落的枫叶

2. 选择【文件】/【导入】/【导入到库】,将光盘文件夹 8.2 中的文件"秋影.jpg"导入到库中。

3. 选择【插入】/【新建元件】,在创建新元件对话框中将名称改为"枫叶",类型为"影片剪辑"。在绘图面板中将笔触颜色设为紫红色,填充颜色设为紫红色。选择工具面板中的铅笔工具,画一个小的封闭枫叶轮廓,再用颜料桶工具填充。

4. 选择【插入】/【新建元件】,在创建新元件对话框中将名称改为"luoye1",类型为"影片剪辑"。将库面板中的枫叶元件拖放到工作区,并将其用任意变形工具缩放到合适大小,在第 40 帧和第 80 帧分别按"F6"键插入两个关键帧。

5. 在图层 1 上单击鼠标右键,在弹出的菜单中选择【添加传统运动引导层】。在引导层第 1 帧,用线条工具画一条倾斜角约为 45 度的线段,选择【修改】/【分离】,将线段打散;用箭头选择工具框选后,拖动将其分成三条线段,再用箭头选择工具改变三条线段的弧度,然后将其拼成一条曲线。选中图层 1 中的枫叶元件,将其移到曲线的顶端,如图 8-9 所示。

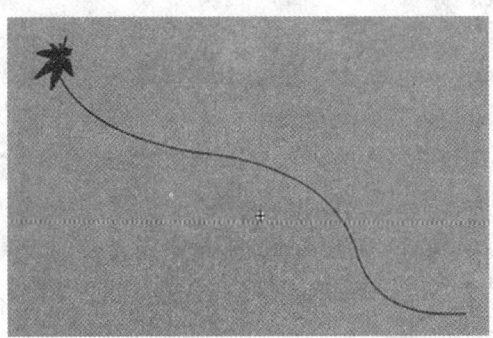

图 8-9 luoye1 影片剪辑的引导路径

6. 选中图层 1 的第 40 帧,将第 40 帧中的枫叶元件拖到引导路径的中间位置,并在右侧属性面板色彩栏的样式下拉框中选 Alpha,将其值设为 50%。选中图层 1 的第 80 帧,将第 80 帧中的枫叶元件拖到引导路径的末端位置,并将其 Alpha 值设为 0%。

7. 选中图层 1 的第 1 帧,单击鼠标右键,选择【创建传统补间】,在右侧属性面板补间栏的旋转下拉框中选"顺时针"。选中图层 1 的第 40 帧,单击鼠标右键,选择【创建传统补间】,

在右侧属性面板补间栏下的旋转下拉框中选"逆时针"(图8-10)。

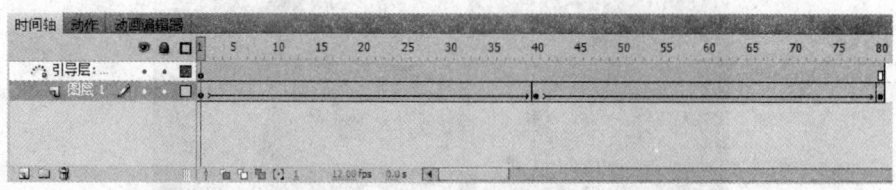

图8-10　luoye1影片剪辑的时间轴

8. 选择【插入】/【新建元件】,在创建新元件对话框中将名称改为"luoye2",类型为"影片剪辑"。具体制作步骤同步骤4~7,不同之处在于其引导路径是从右上到左下的一条曲线。在时间轴中,第1帧与第80帧的Alpha值不变,均为100%。

9. 返回场景1,将图层1更名为"红枫背景",并将库面板的位图"秋景.jpg"拖到舞台上,在第80帧按"F5"键,使其第1帧内容延续到第80帧(图8-11)。

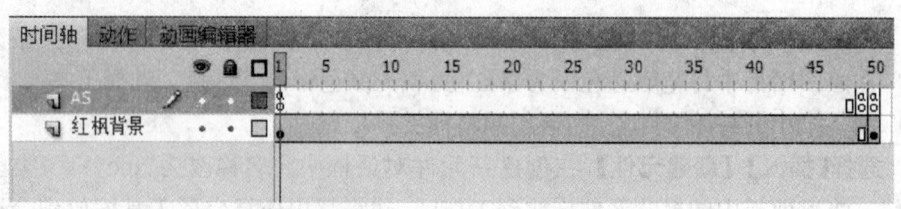

图8-11　飘落的枫叶的时间轴

10. 新建图层2并更名为"AS"。选中第1帧,按"F9"键,在代码输入面板中,输入如下代码:

```
//向舞台加入10个luoye1影片剪辑
for (var i:int=1; i<=10; i++)
{
    var mymc1 = new luoye1();//新建luoye1影片剪辑实例
    addChild(mymc1);//加入到舞台
    mymc1.x = Math.random() * 550 + 10;//随机定义实例的横坐标
    mymc1.y = Math.random() * 340;//随机定义实例的纵坐标
    mymc1.scaleX = Math.random();//随机定义实例的横向缩放比例
    mymc1.scaleY = Math.random(); //随机定义实例的纵向缩放坐标
    mymc1.name = "luoye1" + i;//定义实例的名称
}
//向舞台加入10个luoye2影片剪辑
for (var j:int=1; j<=10; j++)
{
    var mymc2 = new luoye2();//新建luoye1影片剪辑实例
    addChild(mymc2);
    mymc2.x = Math.random() * 550 + 10;
```

```
mymc2.y = Math.random() * 340;
mymc2.scaleX = Math.random();
mymc2.scaleY = Math.random();
mymc2.name = "luoye2" + j;
}
```

11. 在AS层的第49帧按"F7"键；选中第49帧按"F9"键，在代码输入面板中，输入如下代码：

```
//随机定义第1帧中所建10个luoye1影片剪辑的位置与缩放比例
for (var m:int=1; m<=10; m++)
{
    getChildByName("luoye1"+m).x = Math.random() * 550 + 10;
    getChildByName("luoye1"+m).y = Math.random() * 340;
    getChildByName("luoye1"+m).scaleX = Math.random();
    getChildByName("luoye1"+m).scaleY = Math.random();
}
//随机定义第1帧中所建10个luoye2影片剪辑的位置与缩放比例
for (var n:int=1;n<=10; n++)
{
    getChildByName("luoye2"+n).x = Math.random() * 550 + 10;
    getChildByName("luoye2"+n).y = Math.random() * 340;
    getChildByName("luoye2"+n).scaleX = Math.random();
    getChildByName("luoye2"+n).scaleY = Math.random();
}
```

12. 在AS层的第50帧按"F7"键，选中第50帧按"F9"键，在代码输入面板中，输入如下代码：

```
gotoAndPlay(2);//跳转到第2帧形成帧循环
```

最后保存文件，测试影片。

8.3 影片剪辑的常用方法

1. 影片剪辑播放：play();
2. 影片剪辑停止播放：stop();
3. 跳往指定的帧或者标签播放：gotoAndPlay();
4. 跳往指定的帧或者标签：gotoAndStop();
5. 跳到下一帧并停止：nextFrame();
6. 跳到上一帧并停止：prevFrame();
7. 影片剪辑的遮罩：mask();
8. 影片剪辑的拖放：startDrag()和stopDrag();
9. 影片剪辑的碰撞检测：显示对象1.hitTestObject(显示对象2)

8.4 事件侦听器

事件侦听器也就是以前版本中的事件处理函数,是事件的处理者,负责接收事件携带的信息,并在接收到该事件之后执行事件处理函数体内的代码。添加事件侦听的过程分为两步:第一步是创建一个事件侦听函数;第二步是使用 addEventListener()方法在事件目标或者任何显示对象上注册侦听器函数。

8.5 创建事件侦听器

事件侦听器必须是函数类型,可以是一个自定义的函数,也可以是实例的一个方法。创建侦听器的语法格式如下:

function 侦听器名称(evt:事件类型):void{…}

语法格式说明:

➢ 侦听器名称:要定义的事件侦听器的名称,命名需符合变量命名规则。

➢ evt:事件侦听器参数,为必要参数。

➢ 事件类型:MouseEvent(鼠标类);KeyBoardEvent(键盘类);TimerEvent(时间类);TextEvent(文本类)。

8.6 管理事件侦听器

1. 注册事件侦听器

addEventListener()函数用来注册事件侦听函数。注册侦听器的语法格式如下:

事件发送者.addEventListener(事件类型,侦听器);

2. 删除事件侦听器

removeEventListener(事件类型,侦听器);

8.7 事件处理类型

1. 鼠标事件

MouseEvent 类定义了 10 种常见的鼠标事件:

➢ 鼠标单击事件:MouseEvent.CLICK;

➢ 鼠标双击事件:MouseEvent.DOUBLE_CLICK;

➢ 鼠标按下事件:MouseEvent.MOUSE_DOWN;

➢ 鼠标松开事件:MouseEvent.MOUSE_UP;

➢ 鼠标移动事件:MouseEvent.MOUSE_MOVE;

➢ 鼠标移出事件:MouseEvent.MOUSE_OUT;

➢ 鼠标移过事件:MouseEvent.MOUSE_OVER;

➢ 鼠标滚轴滚动触发事件:MouseEvent.MOUSE_WHEEL;

➤ 鼠标滑入事件：MouseEvent. ROLL_OUT；
➤ 鼠标滑出事件：MouseEvent. ROLL_OVER；

2. 键盘事件

KeyboardEvent 类定义了两个键盘事件
➤ 按下键盘事件：KeyboardEvent. KEY_DOWN；
➤ 松开键盘事件：KeyboardEvent. KEY_UP；

3. 时间事件

Timer 类定义了两个事件
➤ 计时事件：TimerEvent. TIMER；
➤ 计时结束事件：TimerEvent. TIMER_COMPLETE；

Timer 对象生成实例的方法：

var 实例名：Timer＝new Timer(间隔时间,重复次数)；

Timer 共有三个方法：启动调用：start()，停止调用：stop()，重置调用：reset()。

4. 帧循环 ENTER_FRAME 事件

帧循环 ENTER_FRAME 事件是 ActionScript 3.0 中动画编程的核心事件。该事件能够控制代码跟随 Flash 的帧频播放，在每次刷新屏幕时改变显示对象。使用该事件时，需要把该事件代码写入事件侦听函数中，然后在每次刷新屏幕时，系统都会调用 Event. ENTER_FRAME 事件，从而实现动画效果。

下面使用该事件创建一个简单的动画：在屏幕上创建一个小球，每次刷新屏幕时，让小球的 x 属性增加 2，直到超出屏幕区域时返回左边继续，这样就形成了连续的动画效果。具体制作方法是：新建一个 ActionScript 3.0 文件，将舞台尺寸设为 550×300。新建一个元件，名称为小球，类型为影片剪辑。选择画椭圆工具画一个无边框的绿色径向渐变的小球。返回场景1，将小球影片剪辑拖入舞台中，实例名设为 ball。新建图层 2，选中第 1 帧，按"F9"键，在弹出的属性面板中输入如下代码：

```
//小球初始位置
ball. x＝50；
ball. y＝200；
//创建事件侦听函数
function movcball(event:Event):void{
  ball. x＝ball. x＋2；
  if(ball. x＞550){
      ball. x＝50；
  }
}
//注册事件
ball. addEventListener(Event. ENTER_FRAME,moveball)；
```

注意：在使用帧循环 ENTER_FRAME 事件时，由于该循环一旦被执行，就会不断地刷新屏幕，并将消耗大量的系统资源，所以如果不需要动画或不需要侦听该事件时，一定要移除该侦听。

实例 3 用按钮控制三角函数的周期变换（图 8-12）。

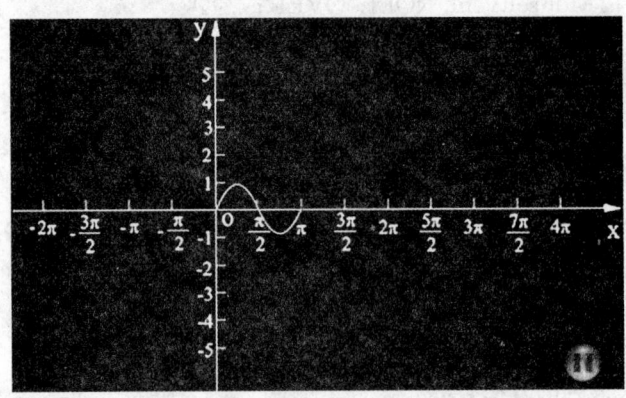

图 8-12 三角函数的周期变换

[制作步骤]

1. 新建一个 ActionScript 3.0 文档，并保存文件为"三角函数的周期变换.fla"。在右边的文档属性面板中，单击【编辑】按钮，在弹出的文档设置对话框中，将舞台尺寸设为 600×400，背景设为黑色，帧频设为 12。

2. 选择【插入】/【新建元件】，在创建新元件对话框中将名称改为"zbz"，类型为"影片剪辑"。用线条工具画一个直角坐标系，并用文本工具标上相应的数字和字母。

3. 选择【插入】/【新建元件】，在创建新元件对话框中将名称改为"周期变换"，类型为"影片剪辑"。将库面板中的坐标轴拖到工作区中，并使原点与工作区中心重合，在第 80 帧按"F5"键，使第 1 帧的内容延续到第 80 帧。

4. 新建一图层，命名为"周期变换"。在第 1 帧中，以坐标轴为参照，用线条工具先画一条长度为 $\frac{\pi}{2}$ 的红色线段，选择【修改】/【分离】将其打散。然后用箭头工具将其拉成高度为一个单位的弓形，复制一次并将其垂直翻转，将两个弓形拼成 $y = \sin 2x$ 的图象。

5. 在第 40 帧按"F7"插入一空白帧，用步骤 4 中的方法画 $y = \sin \frac{1}{2}x$ 的图象，颜色为绿色。在第 80 帧按"F7"插入一空白帧，并将第 1 帧中的图象复制到第 80 帧，图象起点与原点重合。

6. 选中第 1 帧，右击鼠标，选择【创建形状补间】。选中第 40 帧，右击鼠标，选择【创建形状补间】。最后将图层 1 删除（图 8-13）。

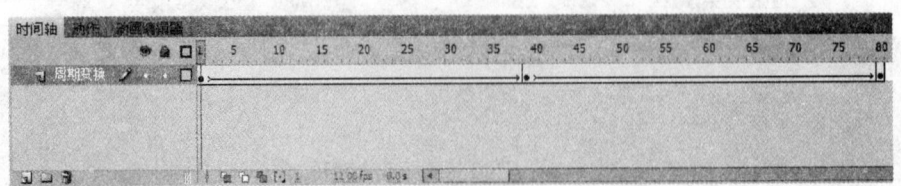

图 8-13 周期变换影片剪辑的时间轴

7. 返回场景1,将库面板中的zbz元件拖到舞台中,并将图层1命名为"坐标轴"。新建图层2并更名为"影片剪辑",将库面板中的"周期变换"元件拖到舞台中,并使其图象起点与坐标轴原点重合。在右侧的属性面板中,将其实例名设为"sindh"。

8. 新建图层3并更名为"按钮",选择【窗口】/【公用库】/【按钮】,选择playback文件夹下的gel pause按钮,将其拖到舞台中,并在右侧属性面板的实例名称输入框中输入btn_pause。

9. 新建图层4并更名为"AS"。选中第1帧,按"F9"键,在代码面板窗口输入如下代码:

```
var i:int=0;
//播放周期变换影片剪辑
sindh.play();
//创建事件侦听器
function zaiding(event:MouseEvent):void{
    if(i==0){
        sindh.stop();
        i=1;
    }else{
        sindh.play();
        i=0;
    }
}
//注册事件侦听器
btn_pause.addEventListener(MouseEvent.CLICK,zaiding);
```

最后保存文件,测试影片。

8.8 选择题模板的制作

本实例界面如图8-14。主要功能是单击"下一题"或"上一题"按钮可进行题目的切换,做完后单击"提交"按钮,自动给出测试成绩,单击"退出"按钮,结束练习测试。

图8-14 选择题模板

[制作步骤]

1. 新建一个 ActionScript 3.0 文档,并保存文件为"选择题模板.fla"。在右边的文档属性面板中,单击【编辑】按钮,在弹出的文档设置对话框中,将舞台尺寸设为 639×473。

2. 选择【文件】/【导入】/【导入到库】,将光盘文件夹 8.8 中的位图文件 bj.jpg、left1.jpg、left2.jpg、right1.jpg、right2.jpg、exit1.jpg、exit2.jpg、tijiao1.jpg、tijia2.jpg 以及声音文件 zclick.wav 导入到库中。

3. 选择【插入】/【新建元件】,在创建新元件对话框中将名称改为"上一题",类型为"按钮"。选中图层 1 的"弹起"帧,将库面板中的位图 left1.jpg 拖入到工作区,使其左上角与工作区中心重合;在"指针"帧按"F7"键插入一空白关键帧,将库面板中的位图 left2.jpg 拖入到工作区中,使其左上角与工作区中心重合;在"按下"帧按"F6"键插入关键帧,并将库面板中的 zclick.wav 拖入到工作区中;在"点击"帧按"F5"键插入一普通帧(图 8-15)。

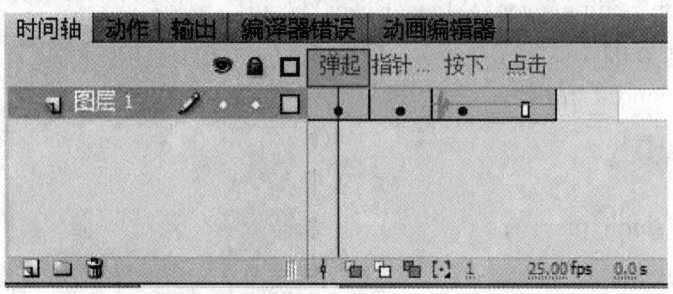

图 8-15 "上一题"按钮时间轴

4. 用步骤 3 中的方法分别制作"下一题"按钮、"提交"按钮,"退出"按钮。

5. 返回场景 1,将图层 1 命名为"背景",将库面板中的位图"bj.jpg"拖入到舞台,在第 5 帧按"F5"键插入一普通帧(图 8-16)。

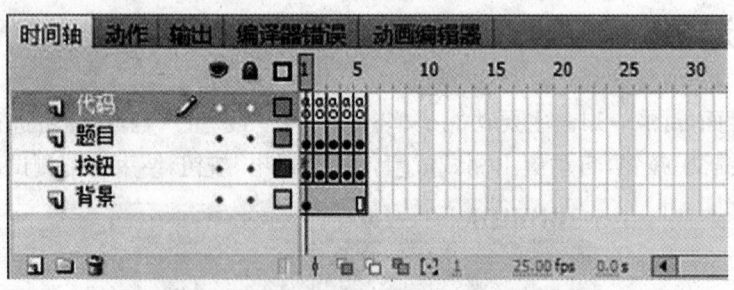

图 8-16 选择题模板时间轴

6. 新建图层 2 并更名为"按钮",将库面板中的"下一题"按钮元件拖到舞台中,并将其移动到与背景图相同的图案重合,在右侧属性面板中将其实例名设为 btn_next1。将库面板中的"退出"按钮元件拖到舞台中,并将其移动到与背景图相同的图案重合,将其实例名设为 btn_exit。

7. 在按钮图层的第 2 帧按"F6"键插入关键帧,将库面板中的"上一题"按钮元件拖到舞台中,并将其移动到与背景图相同的图案重合,在右侧属性面板中将其实例名设为 btn_prev。选中这一帧中的"下一题"按钮,将其实例名更改为 btn_next2。在第 3 帧按"F6"键插入关键帧,选中这一帧中的"下一题"按钮,将其实例名更改为 btn_next3。在第 4 帧按"F6"键插入关键帧,选中这一帧中的"下一题"按钮,将其实例名更改为 btn_next4。

8. 在按钮图层的第 5 帧按"F6"键插入关键帧,将"下一题"按钮删除,将库面板中的"提交"按钮元件拖到舞台中,并将其移动到与背景图相同的图案重合,在右侧属性面板中将其实例名设为 btn_tj。

9. 新建图层 3 并更名为"题目"。选择工具面板中的文本工具,在右侧属性面板中的文本类型下拉框中选"静态文本",输入第 1 题题目,如图 8-17 所示。

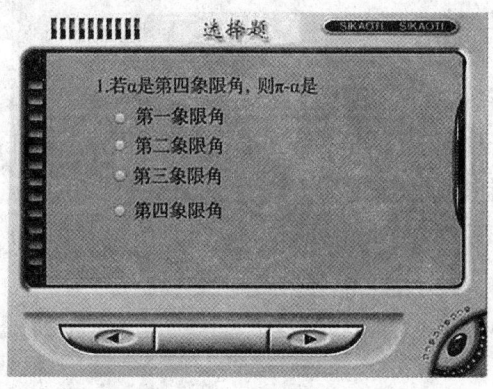

图 8-17 选择题第 1 题

10. 选中题目层的第 1 帧。选择【窗口】/【组件】,在弹出的组件窗口中选择"RadioButton"按钮,将其拖到舞台,在右侧属性面板中将其实例名设为 da11,并在组件参数栏将 groupName 设为 t1,将 label 中的文字删除。再依次从库面板中拖三个 RadioButton 按钮元件,实例名分别设为 da12、da13、da14,groupName 均设为 t1,将 label 中的文字均删除。

11. 在题目层的第 2 帧按"F6"键插入关键帧,将题目更改为:"2. 若 $\alpha=-3$,则 α 是",其余不变。将四个 RadioButton 的实例名分别更改为 da21、da22、da23、da24,groupName 均设为 t2。同理,在第 3 帧按"F6"键插入关键帧,更改题目和选择支答案,将四个 RadioButton 的实例名分别更改为 da31、da32、da33、da34,groupName 均设为 t3。在第 4 帧按"F6"键插入关键帧,更改题目和选择支答案,将四个 RadioButton 的实例名分别更改为 da41、da42、da43、da44,groupName 均设为 t4。

12. 在题目层的第 5 帧按"F7"键插入一空白关键帧,选择文本工具输入静态文本"测试成绩",字号为 40,颜色为红色。选择文本工具在舞台中拖拉出一个长方形至合适大小,在属性面板的文本类型下拉框中选择"动态文本",实例名设为 fenshu,字号选 50,颜色为黄色。

13. 新建图层 4 并更名为"代码"。选中第 1 帧并按"F9"键,在代码输入面板中输入如下代码:

stop();
var fs1:int = 0;

```
//注册第1题页面中下一题按钮的侦听函数
btn_next1.addEventListener(MouseEvent.CLICK,next1click);
//定义第1题页面中下一题按钮的侦听函数;
function next1click(evt:MouseEvent):void
{
    if (da13.selected)
    {
        fs1 = 1;
    }
    nextFrame();
}
//注册退出按钮的侦听函数
btn_exit.addEventListener(MouseEvent.CLICK,exitclick);
//定义退出按钮的侦听函数
function exitclick(evt:MouseEvent):void
{
    fscommand("quit","true");
}
```

14. 在代码层的第2帧按"F7"键插入一空白关键帧,然后按"F9"键,在代码输入面板中输入如下代码:

```
stop();
var fs2=0;
//注册第2题页面中下一题按钮的侦听函数
btn_next2.addEventListener(MouseEvent.CLICK,next2click);
//定义第2题页面中下一题按钮的侦听函数
function next2click(evt:MouseEvent):void
{
    if (da23.selected)
    {
        fs2 = 1;
    }
    nextFrame();
}
//注册上一题按钮的侦听函数
btn_prev.addEventListener(MouseEvent.CLICK,prevclick);
//定义上一题按钮的侦听函数
function prevclick(evt:MouseEvent):void
```

```
        {
            prevFrame();
        }
```

15. 在代码层的第 3 帧按"F7"键插入一空白关键帧,然后按"F9"键,在代码输入面板中输入如下代码:

```
stop();
var fs3:int = 0;
//注册第 3 题页面中的下一题按钮的侦听函数
btn_next3.addEventListener(MouseEvent.CLICK,next3click);
//定义第 3 题页面中的下一题按钮的侦听函数
function next3click(evt:MouseEvent):void
{
    if (da31.selected )
    {
        fs3 = 1;
    }
    nextFrame();
}
```

16. 在代码层的第 4 帧按"F7"键插入一空白关键帧,然后按"F9"键,在代码输入面板中输入如下代码:

```
stop();
var fs4:int = 0;
//注册第 4 题页面中的下一题按钮的侦听函数
btn_next4.addEventListener(MouseEvent.CLICK,next4click);
//定义第 4 题页面中的下一题按钮的侦听函数
function next4click(evt:MouseEvent):void
{
    if (da41.selected )
    {
        fs4 = 1;
    }
    nextFrame();
}
```

17. 在代码层的第 5 帧按"F7"键插入一空白关键帧,然后按"F9"键,在代码输入面板中输入如下代码:

```
stop();
//注册提交按钮的侦听函数
```

```
btn_tj.addEventListener(MouseEvent.CLICK,chengji);
//定义提交按钮的侦听函数
function chengji(e:MouseEvent):void
{
    fenshu.text = "您的得分是:"+String((fs1+fs2+fs3+fs4) * 25);
}
```

最后保存文件,测试影片。

第 9 章　数学、绘图与时间处理

9.1　数学函数

Math 类是 Flash 显示编程中使用最为频繁的一个类,也是动画编程中使用最多的一个类,能够完成很多数学计算任务,具体功能如下:

Math.abs(x)	计算 x 的绝对值
Math.ceil(x)	将数字 x 向上取整为最接近的整数
Math.exp(x)	计算以 e 为底的 x 次幂的值
Math.floor(x)	将数字 x 向下取整为最接近的整数
Math.log(x)	计算 x 的自然对数值
Math.max(a,b)	返回 a、b 两个数字中较大的一个
Math.min(a,b)	返回 a、b 两个数字中较小的一个
Math.pow(x,y)	计算 x 的 y 次方
Math.random()	返回一个 0 与 1 之间的随机数
Math.round(x)	将 x 四舍五入为最接近的整数
Math.sqrt(x)	计算 x 的平方根
Math.sin(x)	计算 x 的正弦值
Math.cos(x)	计算 x 的余弦值
Math.tan(x)	计算 x 的正切值
Math.asin(x)	计算 x 的反正弦值
Math.acos(x)	计算 x 的反余弦值
Math.atan(x)	计算 x 的反正切值
Math.atan2(y,x)	计算从 x 轴旋转到点 (x,y) 与原点连线的角度

注:Math.PI 表示常量 π,Math.E 表示自然对数的底数 e。

9.2　绘制直线与曲线

在 ActionScript 3.0 中,利用显示编程,可以绘制出 Shape、Sprite、Button 和 MovieClip。这些类中都有一个 Graphics 属性,是 flash.display.Graphics 类的实例。Graphics 类提供了一组绘制矢量图形的方法,使用这些方法可以很方便地绘制线条和形状。

1. 设置线条样式

在进行绘制之前,必须要设置 Graphics 类的线条样式,如果不设置,则绘制的图形将没有线条效果,而且不能进行渲染。

lineStyle(thickness,color,alpha);

参数说明:

➢ thickness:数值,定义线条的宽度,范围为0~255,默认值为1。

➢ color:十六进制数值,定义线条的颜色,默认值为0x000000(黑色)。

➢ alpha:数值,定义线条的透明度,范围为0~1,默认值为1(不透明)。

2. 绘制一条直线

直线的绘制是图形绘制的基础,复杂的几何图形都是由简单的直线组合而成的。在 ActionScript 3.0 中使用 lineTo()方法来绘制直线,不过在绘制之前,需要使用 moveTo()方法定义绘制的起始点和线条的样式。

moveTo(x,y);

lineTo(x,y)

参数说明:

➢ x:绘制起始点和结束点的横坐标,起始点的默认值为0。

➢ y:绘制起始点和结束点的纵坐标,起始点的默认值为0。

3. 绘制一条曲线

在 ActionScript 3.0 中使用 curveTo 方法绘制曲线,格式如下:

curveTo(x0,y0,x1,y1);

参数说明:x_0,y_0,x_1,y_1 分别表示曲线起点和终点的横坐标与纵坐标。

4. 清除绘图

在 ActionScript 3.0 中使用 clear 方法清除绘制图形,格式如下:

显示实例名.graphics.clear();

9.3 Rectangle 类

Rectangle 类用于定义一个矩形区域,该类用于控制显示对象的拖动范围。在 ActionScript 3.0 中,使用 Rectangle 类构造函数可以创建一个 Rectangle 对象。格式如下:

var 对象名称:Rectangle=new Rectangle(左上角 x 坐标,左上角 y 坐标,宽度,高度);

用法示例:var rect:Rectangle=new Rectangle(100,100,100,10);

9.4 动态画椭圆

本实例运行界面如图9-1所示,用鼠标随意拖放点 M,然后按"运行"按钮可动态画出椭圆,按"暂停"按钮可停止画椭圆,按"结束"按钮可清除所画图形。

[制作步骤]

1. 新建一个 ActionScript 3.0 文档,并保存文件为"椭圆.fla"。

2. 选择【插入】/【新建元件】,在创建新元件对话框

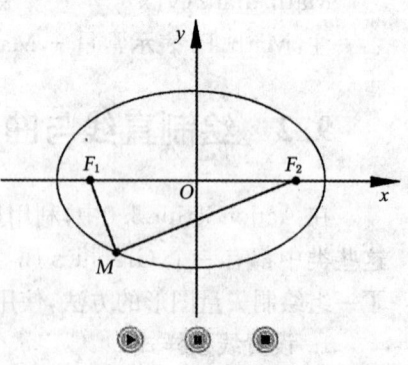

图9-1 动态画椭圆

中将名称改为"f1",类型为"影片剪辑"。在工具面板中笔触颜色设为无,填充颜色设为黑色。按住"shift"键不放,用画椭圆工具画一个小圆,再用文本工具在旁边标上 F_1。用同样方法新建一个影片剪辑元件,名称为"f2",在工作区画一个黑色的小圆,在旁边标上 F_2。用同样方法新建一个影片剪辑元件,名称为"md",在工作区画一个黑色的小圆,在旁边标上 M。

3. 返回场景1,将图层1更名为"坐标轴",用线条工具画一个直角坐标系,并用文本工具标上相应字母。选择【视图】/【标尺】,分别拖出一根水平标志线和一根铅垂标志线,将其交点定位于(275,200),即舞台的中心。用箭头选择工具框选坐标轴,然后移动,使原点与舞台中心重合,如图9-1所示。

4. 新建图层2并更名为"按钮"。选择【窗口】/【公用库】/【按钮】,将 playback flat 文件夹中的 flat grey play、flat grey pause、flat grey stop 三个按钮拖到舞台中,分别选中三个按钮,将其实例名分别设为 play_btn、pause_btn、stop_btn。

5. 新建图层3并更名为"点",将库面板中的三个影片剪辑元件 f1、f2、md 拖到舞台中,分别选中三个影片剪辑元件,将其实例名分别设为 f1、f2、md。

6. 新建图层4并更名为"AS"。选中第1帧,按"F9"键,在弹出的代码面板中输入下列代码:

```
//拖动点 F1 的程序开始
var dragpan:String;//记录被拖动影片名的变量
var f1fw:Rectangle = new Rectangle(100,200,140,1);//确定拖动范围
//注册拖动点 F1 的侦听函数
f1.addEventListener(MouseEvent.MOUSE_DOWN, f1_ClickToDrag);
//定义拖动点 F1 的侦听函数
function f1_ClickToDrag(event:MouseEvent):void
{
    f1.buttonMode=true;
    f1.startDrag(true,f1fw);
    dragpan = "f1";
}

//拖动点 F2 的程序开始
var f2fw:Rectangle = new Rectangle(310,200,140,1);//确定拖动范围
//注册拖动点 F2 的侦听函数
f2.addEventListener(MouseEvent.MOUSE_DOWN, f2_ClickToDrag);
//定义拖动点 F2 的侦听函数
function f2_ClickToDrag(event:MouseEvent):void
{
    f2.buttonMode=true;
    f2.startDrag(true,f2fw);
    dragpan = "f2";
}
```

```
//拖动点 M 的程序开始
var mdfw:Rectangle = new Rectangle(100,100,350,200);//确定拖动范围
//注册拖动点 M 的侦听函数
md.addEventListener(MouseEvent.MOUSE_DOWN, md_ClickToDrag);
//定义拖动点 M 的侦听函数
function md_ClickToDrag(event:MouseEvent):void
{
    md.buttonMode=true;
    md.startDrag(true,mdfw);
    dragpan = "md";
}


//注册停止拖动侦听函数
stage.addEventListener(MouseEvent.MOUSE_UP, f1_ReleaseToDrop);
//定义停止拖动侦听函数
function f1_ReleaseToDrop(event:MouseEvent):void
{
    stopDrag();
    if (dragpan == "f1")
    {
        f1.x = Math.round(f1.x);
        f2.x = 550 - f1.x;
    }
    if (dragpan == "f2")
    {
        f2.x = Math.round(f2.x);
        f1.x = 550 - f2.x;
    }
    if (dragpan == "md")
    {
        md.x = Math.round(md.x);
    }
}


//绘制线段 $F_1M$ 和 $F_2M$ 程序开始
var hzx:Sprite=new Sprite();//新建 Sprite 对象作为容器
addChild(hzx);//把 Sprite 对象 hzx 添加到舞台中
var httimer:Timer = new Timer(10);//新建时间事件,每 10 毫秒触发一次
//为时间事件注册侦听函数
```

```
httimer.addEventListener(TimerEvent.TIMER,ht);
httimer.start();//启动时间对象开始绘图
//为时间事件定义侦听函数
function ht(event:TimerEvent):void
{
    hzx.graphics.clear();//擦除已绘线条
    hzx.graphics.lineStyle(2,0xFF0000);//设置线条样式
    hzx.graphics.moveTo(f1.x,f1.y);//移动画笔到点 F₁
    hzx.graphics.lineTo(md.x,md.y);//画线段 F₁M
    hzx.graphics.lineTo(f2.x,f2.y);//画线段 F₂M
}

//下面的函数用于计算两个影片剪辑的距离
function linej(mv1:MovieClip, mv2:MovieClip):Number
{
    return (Math.sqrt((mv2.x-mv1.x)*(mv2.x-mv1.x)+(mv2.y-mv1.y)*
(mv2.y-mv1.y)));
}


//定义一些变量
var zl:Number;//点 M 横坐标的增量
var a:Number;
var b:Number;
var c:Number;

var hzty:Sprite=new Sprite();//新建 Sprite 对象作为容器
addChild(hzty);//将 Sprite 对象 hzty 添加到舞台
//为开始按钮注册侦听函数
play_btn.addEventListener(MouseEvent.CLICK,playfun);
md.x = Math.round(md.x);
//为开始按钮定义侦听函数
function playfun(event:MouseEvent):void
{
    a = Math.round(linej(md,f1)/2 + linej(md,f2)/2);//计算 a 的值
    c= (f2.x-f1.x)/2;//计算 c 的值
    b = Math.sqrt(a*a - c*c);//计算 b 的值
    zl= (md.y-200)/Math.abs(md.y-200);//计算 zl 的值
    hzty.graphics.lineStyle(1, 0x000000);//设置线条样式
    hzty.graphics.moveTo(md.x, md.y);//移动画笔到点 M
```

```
        tytimer.start();
}

var tytimer:Timer = new Timer(10);//新建时间事件,每10毫秒触发一次
//为时间事件注册侦听函数
tytimer.addEventListener(TimerEvent.TIMER,ty)
//为时间事件定义侦听函数
function ty(event:TimerEvent):void
{
        md.x = md.x + zl;//点M的x值每次增加zl
        var xz:Number = md.x - 275;
        //根据点M的x值计算出其y值
        md.y = 200+zl*Math.sqrt(b*b-(xz*b/a)*(xz*b/a));
        hzty.graphics.lineTo(md.x,md.y);//绘图
        //经过x轴时zl值变得相反
        if (md.x == 275 - a || md.x == 275 + a)
        {
                zl=-zl;
        }
}

//为暂停按钮注册侦听函数
pause_btn.addEventListener(MouseEvent.CLICK,pausefun);
//为暂停按钮定义侦听函数
function pausefun(event:MouseEvent):void
{
        tytimer.stop();//tytimer时间事件停止发送
}

//为停止按钮注册侦听函数
stop_btn.addEventListener(MouseEvent.CLICK,stopfun);
//为停止按钮定义侦听函数
function stopfun(event:MouseEvent):void
{
        tytimer.stop();//tytimer时间事件停止发送
        hzty.graphics.clear();//清除所画图形
}
```

最后保存文件,测试影片(图9-1)。

9.5 输入参数画 $y=A\sin(\omega x+\varphi)$ 的图象

本实例的功能是：输入参数 A、ω、φ 的值后，单击运行按钮即可作出函数在长度为一个周期的闭区上的图象，单击还原按钮即可清除所作图象。图象和界面如图 9-2。

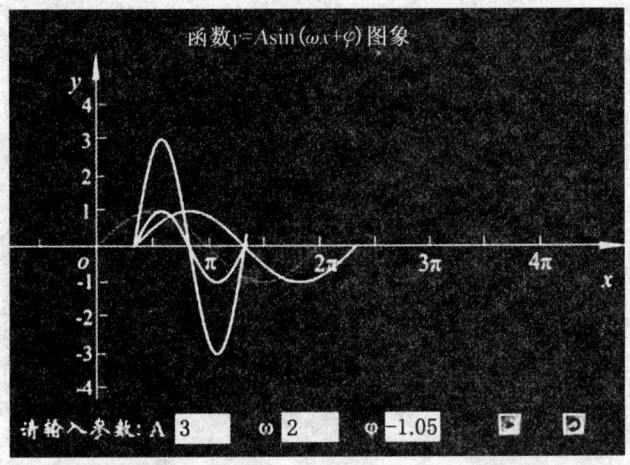

图 9-2　输入参数画 $y=A\sin(\omega x+\varphi)$ 的图象

[制作步骤]

1. 新建一个 ActionScript 3.0 文档，并保存文件为"正弦型函数图象.fla"。在右边的文档属性面板中，单击"编辑"按钮，在弹出的文档设置对话框中，将舞台尺寸设为 550×400，背景设为黑色。

2. 选择【插入】/【新建元件】，在创建新元件对话框中将名称改为"坐标轴"，类型为"影片剪辑"。用线条工具画一个直角坐标系，并用文本工具标上相应的数字和字母。

3. 返回场景 1，将图层 1 更名为"坐标轴"。选择【视图】/【标尺】，分别拖出一根水平标志线和一根铅垂标志线，使其交点定位于(100,200)。将库面板中的坐标轴影片剪辑元件拖到舞台中，并移动坐标轴使坐标原点移至(100,200)。

4. 新建图层 2 并更名为"文本"。选择工具面板中的文本工具，文本样式选"静态文本"，在舞台中分别输入五个静态文本"函数 $y=A\sin(\omega x+\varphi)$ 的图象"、"请输入参数："、"A"、"ω"、"φ"。文本样式选"输入文本"，在舞台中分别设置三个输入文本框，在右侧属性面板中，将其实例名分别设为 wbA、wbω、wbφ，字号设为 20，颜色为黑色，在消除锯齿下拉框中选设备字体，并将它们分别放在静态文本 A、ω、φ 之后。

5. 新建图层 3 并更名为"按钮"，选择【窗口】/【公用库】/【按钮】，将 classic buttons\playback 文件夹下的 playback-play 和 playback-loop 两个按钮拖到舞台右下角，并将其实例名分别设为 start_btn、clear_btn。

6. 新建图层 4 并更名为"AS"。选中第 1 帧并按"F9"键，在弹出的代码面板中输入如下代码：

stage.focus = wbA;//将振幅 A 输入框设置为输入焦点
wbA.restrict="^a-z\A-Z";//限制输入字母

```
wbω.restrict="^a-z\A-Z"
wbφ.restrict="^a-z\A-Z";
wbA.text = "1";//设置振幅初值为 1
wbω.text = "1";//设置ω的初值为 1

var x1:Number;//起点的横坐标
var y1:Number;//起点的纵坐标
varxzl:Number;//x 的增量
vardw:Number = 30;//定义 30 像素为 1 个单位
varcolornum:Number;//定义颜色变量
varcs:int = 0;//定义画图次数变量

//新建时间事件,每 10 毫秒触发一次
varhsintimer:Timer = new Timer(10);
//注册时间事件侦听函数
hsintimer.addEventListener(TimerEvent.TIMER,hsin);
//定义时间事件侦听函数
functionhsin(evt:TimerEvent):void
{
    xzl = xzl + 0.03;//横坐标每次增加 0.03 个单位
    //从起点向下一点画一小线段
    graphics.lineTo(x1+xzl*dw,y1-Number(wbA.text)*dw*Math.sin(Number(wbω.text)*xzl));
    //如果画了一个周期的图象则停止时间事件的运行
    if (x1 + xzl * dw> x1 + 2 * Math.PI * dw / Number(wbω.text))
    {
        graphics.moveTo(100,200);
        hsintimer.stop();
    }
}

//注册开始画图按钮的侦听函数
start_btn.addEventListener(MouseEvent.CLICK,startclick);
//定义开始画图按钮的侦听函数
functionstartclick(evt:MouseEvent):void
{
```

```
x1 = 100 - Number(wbφ.text)/Number(wbω.text) * dw;//画图起点的横坐标
y1 = 200;//画图起点的纵坐标
switch (cs%4)//定义每次画图的颜色,每画4次为一个循环
{
    case 0:
        colornum = 0xFFFFFF;
        break;
    case 1:
        colornum = 0x33FF00;
        break;
    case 2:
        colornum = 0x00FFFF;
        break;
    case 3:
        colornum = 0xFF00000;
        break;
}
cs = cs + 1;
graphics.lineStyle(2,colornum);//定义线条样式
graphics.moveTo(x1,y1);//画笔起点移至($x_1,y_1$)
xzl = 0;//定义增量初值
hsintimer.start();//时间事件开始运行
}

//注册清除图形按钮的侦听函数
clear_btn.addEventListener(MouseEvent.CLICK,clearclick);
//定义清除图形按钮的侦听函数
functionclearclick(evt:MouseEvent):void
{
    hsintimer.stop();//时间事件停止运行
    graphics.clear();//清除所画图形
}
```

最后保存文件,测试影片。

9.6 创建日期和时间

在 ActionScript 3.0 中,使用 Date 类来管理日期和时间,使用 Timer 类来处理时间间隔。使用 Date 类的构造函数,可以构造一个新的 Date 对象,并为该对象保存指定的日期和

时间,格式如下:

var 变量名:Date=new Date();

9.7 常用的 Date 对象的属性

在 ActionScript 3.0 中,可以使用 Date 类的属性或方法从 Date 对象中提取各种时间单位的值。下面介绍常用的 Date 属性,用于获取 Date 对象中的一个时间单位的值。

➢ fullYear:按照本机时间返回 Date 对象中的完整年份值,用 4 位数表示。
➢ month:返回当前的月份,以数字格式表示,分别以 0~11 表示 1 月到 12 月。
➢ date:表示本月中某一天的日历数字,范围为 1~31。
➢ day:以数字格式表示一周中的某一天,其中 0 表示星期日,6 表示星期六。
➢ hours:用于表示当前的小时数,范围为 0~23。
➢ minutes:表示当前的分钟数。
➢ seconds:表示当前的秒数。
➢ milliseconds:表示当前的毫秒数。

9.8 常用的 Date 对象的方法

➢ getFullYear():获取当前年份(4 位数字)。
➢ getMonth():获取当前月份(注意是从 0 开始)。
➢ getDate():获取当前日期(本月的几号)。
➢ getDay():获取当前是星期几(0—Sunday,1—Monday,…)。
➢ getHours():获取当前小时数。
➢ getMinutes():获取当前分钟数。
➢ getSeconds():获取当前秒数。
➢ getMilliseconds():获取当前毫秒数。

9.9 电子时钟的制作

界面如图 9-3 所示。

图 9-3 电子时钟

[制作步骤]

1. 新建一个 ActionScript 3.0 文档,并保存文件为"电子时钟.fla"。在右边的文档属性面板中,单击"编辑"按钮,在弹出的文档设置对话框中,将舞台尺寸设为 300×350。

2. 选择【插入】/【新建元件】,在创建新元件对话框中将名称改为"表盘",类型为"影片剪辑"。将图层 1 更名为"背景",选择矩形工具,在右侧属性面板中将其笔触高度设为 4,笔触颜色设为红到黑的线性渐变,填充颜色设为灰色。在工作区画一个矩形,在位置和大小栏中,设置 x 的值为 0,y 的值为 0,宽为 300,高为 350。

3. 新建图层 2 并更名为"细刻度线"。选择工具面板中的线条工具,笔触颜色选黑色,笔触高度为 2,在工作区画一条长为 260 的线段,移动线段使其中心位于(150,150)处。选择【窗口】/【变形】,或直接选窗口中的变形按钮,在弹出的变形对话框的旋转角度输入框中输入 6。按对话框下方左侧的"重制选区和变形"按钮 59 次,再用箭头选择工具框选 60 根线段,选择【修改】/【分离】,将所有线段打散。选择椭圆工具,笔触颜色选无,填充颜色选绿色,并按住"shift"键不放,画一个直径比上面所画线段小 20 左右的一个圆,移动圆,使圆四周露出的线段长大致相等,然后将圆打散,再将圆删除,即得表盘上的细刻度线。

4. 新建图层 3 并更名为"粗刻度线",同步骤 3 中的方法制作粗刻度线。其中笔触颜色选蓝色,笔触高度为 4,变形对话框中的旋转角度为 30。

5. 新建图层 4 并更名为"数字",用文本工具输入表盘的数字。

6. 新建图层 5 并更名为"圆与矩形"。选择椭圆工具,笔触颜色为黑到红的渐变色,笔触高度为 4,填充颜色选无,按住"shift"键不放画一个圆,大小刚好围住刻度线。选择矩形工具,笔触颜色选无,填充颜色为黑色,在背景下方画一个长方形。

7. 选择【插入】/【新建元件】,在创建新元件对话框中将名称改为"时针",类型为"影片剪辑"。选择矩形工具,笔触颜色选无,填充颜色选为黑色,在工作区画一个铅垂放置的小矩形,设置矩形的宽为 6,高为 64,并使小矩形的下端与工作区中心对齐。

8. 用步骤 7 中的方法分别新建两个影片剪辑元件,名称分别更名为"分针"和"秒针",其形状如图 9-3 所示。

9. 新建一个影片剪辑元件,名称为"转轴"。选择椭圆工具,笔触颜色选无,填充颜色选红色径向渐变,按住"shift"键不放,在工作区中心画一个小圆。

10. 返回场景 1,将图层 1 更名为"表盘",将库面板中的表盘元件拖到舞台中并与舞台背景重合。

11. 新建图层 2 并更名为"时针",将库面板中的时针元件拖入舞台中,使其下端位于表盘圆的圆心处。选择工具面板中的"任意变形工具",将中间圆形的变形中心移到时针的下端,在右侧属性面板中将其实例名设为 shizhen。

12. 用步骤 11 中的方法,分别新建两个图层,名称分别更名为"分针"与"秒针"。将库面板中的分针与秒针元件拖到舞台中,使其下端位于表盘圆的圆心处。选择工具面板中的"任意变形工具",将中间圆形的变形中心分别移到分针、秒针的下端,在右侧属性面板中将其实例名分别设为 fenzhen 和 miaozhen。

13. 新建图层 5 并更名为"转轴",将库面板中的转轴元件拖到舞台中,使其与表盘圆的圆心重合。

14. 新建图层 6 并更名为"AS",选中第 1 帧并按"F9"键,在弹出的代码面板中输入下列代码：
```
//创建一个计时器,每1秒更新一次
var systimer:Timer = new Timer(1000);
//为计时器注册侦听函数
systimer.addEventListener(TimerEvent.TIMER,mytime);
//定义计时器侦听函数
function mytime(event:TimerEvent):void
{
//创建新的时间对象
var mydate:Date=new Date();
//时针转动的角度
shizhen.rotation = mydate.hours * 30 + mydate.minutes * 0.5;
//分针转动的角度
fenzhen.rotation = mydate.minutes * 6 + mydate.seconds * 0.1;
//秒针转动的角度
miaozhen.rotation = mydate.seconds * 6;
//创建中文星期数组
var day_arr:Array = new Array("星期日","星期一","星期二","星期三","星期四","星期五","星期六");
//获取星期数值
var dd:int = mydate.day;
//获取中文星期值
var cndd:String = day_arr[dd];
//用动态文本显示当前时间
todaydate.text=String(mydate.fullYear)+"年"+String(mydate.month+1)+"月"+String(mydate.date)+"日"+String(mydate.hours)+"时"+String(mydate.minutes)+"分"+String(mydate.seconds)+"秒"+cndd;
}
//启动计时器
systimer.start();
```
最后保存文件,测试影片。

第10章 图像、声音与视频处理

10.1 加载外部图像文件与外部 *SWF* 影片

不将图像或外部 SWF 影片直接导入到 Flash 内部进行处理的优势在于大大减少了 Flash 课件的存储空间,而且替换与修改课件内容时直接对外部文件进行操作就可以完成,更加方便灵活。

Flash 读取外部图像或外部 SWF,需要执行下面的操作:

1. 定义图像或 SWF 文件的路径:String。
2. 创建一个 URLRequest 对象,用于存储要载入文件的 URL。
3. 创建一个 Loader 对象。
4. 调用 Loader 对象的 load()方法,并把 URLRequest 对象作为参数传递给 Loader 对象。
5. 使用显示对象的属性控制 Loader 对象的位置和大小。
6. 使用 addChild()方法将 Loader 对象添加到显示列表。

实例1 加载一幅外部图像和一个外部影片剪辑(图 10-1)。

图 10-1 加载外部图像与影片剪辑

[制作步骤]

1. 新建一个 ActionScript 3.0 文档,并保存文件为"加载外部图像.fla"。在右边的文档属性面板中,单击"编辑"按钮,在弹出的文档设置对话框中,将舞台尺寸设为 1 024×768。
2. 在图层1的第1帧按"F9"键,在弹出的代码面板中输入如下代码:
var jpgURL:String="0.jpg";

```
var jpgURLReq:URLRequest=new URLRequest(jpgURL);
var myload1:Loader=new Loader();
myload1.load(jpgURLReq);
myload1.x=0;
myload1.y=0;
addChild(myload1);

var swfURL:String="1.swf";
var swfURLReq:URLRequest=new URLRequest(swfURL);
var myload2:Loader=new Loader();
myload2.load(swfURLReq);
myload2.x=50;
myload2.y=200;
addChild(myload2);
```
最后保存文件,测试影片。

10.2 加载外部声音

要加载外部的声音文件,需要使用 URLRequest 类提供访问外部音频文件的 URL 链接,然后创建 Sound 类的实例,利用该类的构造函数,使用 URL 作为参数加载外部音频文件。

Sound 类构造函数的格式如下:

Sound(stream:URLRequest=null,context:soundLoaderContext=null);

参数说明如下:

➢ Stream:URLRequest 链接地址,默认为空,指向外部 MP3 文件的 URL 链接地址。

➢ Context:soundLoaderContext,音频文件载入的长度数据。

此构造函数加载外部声音有两种方法:一种是直接在构造函数中加入 URL 链接参数;另一种是先创建一个空的 Sound 类实例,然后使用 Sound 类的 load()方法来加载外部声音。

Sound 类的方法

➢ Close():关闭流,从而停止所有数据的下载。

➢ Load(stream,cotext):启动从指定 URL 加载 MP3 文件的过程。

➢ Play(startTime,loops,sndTransform):生成一个新的 SoundChannel 对象来回放声音。

例如:新建一个 ActionScript 3.0 文档,并保存文件为"加载外部声音.fla";在图层 1 第 1 帧按"F9"键,在代码面板输入如下代码:

```
//创建 URL 链接
var url:URLRequest=new URLRequest("大海.mp3");
//创建 Sound 类实例,同时载入外部声音
var s:Sound=new Sound(url);
```

```
//声音播放
s.play();
```

10.3 嵌入声音

并不是所有的声音文件都需要加载外部文件。在声音文件本身很小,对生成的swf文件大小影响不大的情况下,通常使用在 Flash 中嵌入文件要比使用外部音频灵活性更强,更容易操作。而要实现对声音的播放控制,需要用到 SoundChannel 类,它共有4个属性,1个方法,1个事件。

➢ leftPeak:只读属性,表示左声道的当前音量幅度,范围为0(静音)~1(最大音量)。
➢ position:只读属性,表示该声音中播放头的位置。
➢ rightPeak:只读属性,表示右声道的当前音量幅度,范围为0(静音)~1(最大音量)。
➢ soundTransform:分配给该声道的 SoundTransform 对象,用于实现音量的控制与调节。
➢ stop()方法:停止在该声道中播放声音。
➢ soundComplete 事件:在声音完成播放后调度该事件。

实例2 在 Flash 中嵌入声音并控制播放(图10-2)。

图10-2 嵌入声音并控制播放

[制作步骤]

1. 新建一个 ActionScript 3.0 文档,并保存文件为"声音的播放与暂停.fla"。在右边的文档属性面板中,单击"编辑"按钮,在弹出的文档设置对话框中,将舞台尺寸设为300×185。

2. 选择【文件】/【导入】/【导入到库】,将光盘文件夹10.3中的文件"张雨生.jpg"导入到库。

3. 选择【文件】/【导入】/【导入到库】,将光盘文件夹10.3中的文件"大海.mp3"导入到库。选中库面板中的声音文件"大海.mp3",单击鼠标右键,在弹出的菜单中选属性,在声音属性对话框的链接栏中勾选"为 ActionScript 导出"和在"帧1中导出",在类输入框中将类名更改为 MySound,单击"确定"按钮,出现一个"ActionScript 类警告"对话框,单击"确定"按钮即可。

4. 返回场景1,将图层1更名为"背景",然后将库面板中的位图"张雨生.jpg"拖到舞台中并与舞台对齐。

5. 新建图层 2 并更名为"按钮",选择【窗口】/【公用库】/【按钮】,将文件夹 classic buttons\playback 中的 gel Right、gel pause、gel Stop 按钮拖放到舞台的右下角,并将其实例名分别设为 btn_play、btn_pause、btn_stop。

6. 新建图层 3 并更名为"AS"。选中第 1 帧按"F9"键,在弹出的代码输入面板中输入如下代码:

```
//新建声音对象
var mysound:MySound=new MySound();
//新建声音通道对象
var song:SoundChannel=new SoundChannel();
//确定初始播放位置
var po:Number = 0;

//注册播放按钮侦听函数
btn_play.addEventListener(MouseEvent.CLICK,playsound);
//注册暂停按钮侦听函数
btn_pause.addEventListener(MouseEvent.CLICK,pausesound);
//注册停止按钮侦听函数
btn_stop.addEventListener(MouseEvent.CLICK,stopsound);
//定义播放按钮侦听函数
function playsound(event:MouseEvent):void
{
    song = mysound.play(po);//在播放头当前位置处播放
}
//定义停止按钮侦听函数
function stopsound(event:MouseEvent):void
{
    po = 0;//播放头回到初始位置
    song.stop();//停止播放
}
//定义暂停按钮侦听函数
function pausesound(event:MouseEvent):void
{
    po = song.position;//保存当前播放位置
    song.stop();//停止播放
}
```

最后保存文件,测试影片。

10.4 加载视频

在 Flash 中可以像声音一样直接导入视频。Flash 直接支持 FLV 系列视频,不用进行格式转换。Flash 内置了视频播放组件,可以对视频播放进行控制。另外 Flash 软件还提供了 Media Encoder 工具,能对视频文件进行格式转换等操作。

Flash 文件菜单中的导入视频命令可以将视频文件直接导入到 Flash。虽然 Flash 支持 AVI、WMV 等多种视频格式,但建议利用 Media Encoder 工具将其转换为 FLV 格式后再使用。视频导入方式通常有两种:一种是使用回放组件加载外部视频,另一种是在 swf 中嵌入 FLV 并在时间轴中播放。第一种方式提供了控制视频播放的组件,使用比较方便。但这种方式导入的视频并没有被导入到 Flash 内,所以必须保证视频文件路径不能发生变化,否则视频无法正常播放。第二种方式将视频导入到 Flash 内,不受视频文件路径影响,并且可以选择以独立的影片剪辑形式存在,可以像控制影片剪辑一样控制视频。但插入的视频会增加课件的存储空间,而且发布课件的时间会大大延长。

实例 3 在 Flash 中导入视频文件"转圈文字.f4v"。

1. 新建一个 ActionScript 3.0 文档,并保存文件为"导入视频.fla",在右边的文档属性面板中,单击"编辑"按钮,在弹出的文档设置对话框中,将舞台尺寸设为 300×250。

2. 选择【文件】/【导入】/【导入视频】,在弹出的对话框中,选择默认选项"使用回放组件加载外部视频",单击文件路径旁的"浏览"按钮,然后选择光盘文件夹 10.4 中的"转圈文字.f4v",并将导入的视频图像移至舞台中央。然后保存文件,测试影片,效果如图 10-3 所示。

图 10-3 转圈文字

第11章 数组、字符串与文本处理

11.1 创建和访问数组

创建数组的方法有两种：一是利用构造函数创建；二是利用中括号赋值来创建。构造函数创建数组的代码如下所示：

　　var arr:Array=new Array();//创建一个空数组
　　var arr:Array=new Array(3);//创建一个长度为3的数组，数组中的元素为空
　　var arr:Array=new Array(1,2,3,4);//创建一个数组，并直接对该数组赋值
使用中括号赋值创建数组的代码如下所示：
　　var arr:Array=[];//创建一个空数组
　　var arr:Array=[1,2,3];//创建一个数组，并直接赋值

11.2 在数组中新增元素

1. 向数组尾部添加新元素

push()方法用于向数组的尾部追加新元素。使用该方法可以在数组的尾部添加一个值，也可以添加多个值，还可以把已有数组中的值添加到该数组的尾部。用法格式如下：
　　数组名.push(参数值);
　　数组名.push(参数值1,参数值2,参数值3,…);
　　数组名.push(数组名);
用法示例：
　　var arr:Array=new Array("1","2","3");//定义数组arr
　　arr.push("4","5");//在尾部追加2个元素
　　trace(arr);//输出全部数组元素:1,2,3,4,5
　　var ar:Array=new Array("6","7");
　　trace(arr.length);//输出数组arr的长度:5
　　arr.push(ar);//把数组ar追加到数组arr的尾部
　　trace(arr.length);//输出追加后的arr数组的长度:6
　　trace(arr);//输出新数组全部元素:1,2,3,4,5,6,7
　　trace(arr[arr.length-1]);//输出追加后的最后一个元素:6,7
2. 向数组头部添加新元素
unshift()方法和push()方法相反，是在数组的开头添加元素。一次可以添加一个值，

也可以添加多个值,还可以把另一数组的元素添加到该数组的开头。用法格式如下:
  数组名.unshift(参数值);
  数组名.unshift(参数值1,参数值2,参数值3,…);
  数组名.unshift(数组名);
可将上面例子中的 push 相应地改为 unshift,读者可自己上机验证。

3. 在数组中指定位置添加新元素或删除元素

splice()方法可以将元素添加到数组中的指定索引位置。用法格式如下:
  数组名.splice(索引位置,删除的元素数目,添加的元素);

参数说明:

▶ 索引位置:数目中要插入或删除元素的位置的索引。

▶ 删除的元素数目:要删除的元素个数,如果是插入元素,该值为0。

▶ 添加的元素:要向数组中添加的元素,可以是一个元素,也可以用逗号隔开增加多个元素,还可以把一个数组中的元素都加入。

用法示例:
  var arr:Array=new Array("1","2","3");//定义数组 arr
  arr.splice(1,0,"4","5");//在 arr 索引为1的位置追加2个元素
  trace(arr);//输出:1,4,5,2,3
  var ar:Array=new Array("6","7");
  trace(arr.length);//输出数组 arr 的长度:5
  arr.splice(1,0,ar);//把数组 ar 添加到数组 arr 的索引为1的位置
  trace(arr.length);//输出追加后的数组 arr 的长度:6
  trace(arr);//输出:1,6,7,4,5,2,3

  var arr:Array=new Array("1","2","3","4","5");//定义数组 arr
  arr.splice(2,2,"6","7");//删除数组中索引为2之后的2个元素,并添加2个元素
  trace(arr);//输出:1,2,6,7,5
  arr.splice(2);//删除数组中索引为2之后的元素
  trace(arr);//输出 1,2

11.3 删除数组中的元素

1. 删除数组尾部的元素

pop()方法用于删除数组尾部的最后一个元素。用法格式如下:
  数组名.pop();
说明:该方法不需要参数,直接删除数组的最后一个元素。

2. 删除数组头部元素

shift()方法用于删除数组中的第一个元素。用法格式如下:
  数组名.shift();
说明:该方法不需要参数,直接删除数组第一个元素,剩余元素的索引值自动减1。

11.4 对数组进行排序

1. 数组翻转

reverse()方法用于把数组进行翻转,并返回翻转后的新数组。用法格式如下:

数组名.reverse();

说明:该方法不需要参数。

用法示例:

  var arr:Array=new Array("1","2","3","4","5","6");//定义数组 arr

  arr.reverse();//数组翻转

  trace(arr);//输出:6,5,4,3,2,1

2. 数组排序

sort()方法是按照一定的规律对数组进行排序,也支持自定义排序。用法格式如下:

数组名.sort();//默认排序

数组名.sort(排序方式);//使用"排序方式"中的参数进行排序

说明:默认的排序方式是按照字符串字母的顺序来排序,即使数组中的元素是数值,也要按照字符串方式排序,而不是数值的大小。

数组的排序方式有 5 种,分别为:

➢ Array.CASEINSENSITIVE:其值为 1,排序方法为不区分大小写字母顺序排序,数字为从小到大。

➢ Array.DESCENDING:其值为 2,排序方法为字母倒序排序。

➢ Array.NUMERIC:其值为 16,排序方法为数字从小到大排序。

➢ Array.RETURNINDEXEDARRAY:其值为 8,指定排序后的数组包含数组索引。

➢ Array.UNIQUESORT:其值为 4,必须为唯一性排序,如果两个元素相同,则放弃排序。可以同时使用多个排序方式,中间使用"|"隔开。

用法示例:

  var arr1:Array = [1,2,3,4,5,10];//定义数组

  arr1.sort();//对数组按默认排序方式排序

  trace(arr1);//输出:1,10,2,3,4,5

  arr1.sort(16)//数字从小到大排序

  trace(arr1);//输出:1,2,3,4,5,10

  var arr2:Array=[1,2,3,4,5,6];//定义数组

  arr2.sort(2);//倒序排序

  trace(arr2);//输出 6,5,4,3,2,1

3. 数组属性排序

SortOn()方法主要在数组元素是复杂型数据类型时使用,利用数组中的每个元素的属性值来进行排序。用法格式如下:

数组名.sortOn(属性名称);//默认排序

数组名.sortOn(属性名称,排序方式)//使用"排序方式"中的参数进行排序

用法示例：
```
var arr:Array=new Array();//创建数组
arr.push({name:"张三",age:30});//向数组追加元素
arr.push({name:"李四",age:25});
arr.push({name:"王五",age:18});
arr.push({name:"赵六",age:20});
arr.sortOn("age",Array.NUMERIC);//按照 age 属性数字顺序排列
for (var i:int=0; i<arr.length; i++)//输出排序后的结果
{
    trace(arr[i].name,arr[i].age);
}
```

代码运行后输出如下结果：

王五 18
赵六 20
李四 25
张三 30

4. 数组随机排序

实现数组随机排序有很多种方法，常用的是创建一个自定义函数，产生随机的正数或者负数，然后把该函数传递给 sort()方法。

```
//自定义函数,把指定数组随机排序
function randArray(_arr:Array):Array
{
    var rand:Function=function(){
    var r=Math.random()-0.5;
    if(r<0){
    return -1;
    }else{
    return 1;
    }
    };
    var arr:Array = _arr.slice();
    arr.sort(rand);
    return arr;
}

//创建数组
var arr:Array = [1,2,3,4,5,6,7,8,9,10];
//使用数组,获取 5 次随机产生的结果
for (var i:int=0; i<5; i++)
```

```
        {
            var arr1 = randArray(arr);
            trace(arr1);
        }
```

代码运行后输出的结果可能如下：
9,4,10,7,1,5,6,3,8,2
3,4,7,10,2,6,1,9,8,5
9,2,5,7,6,1,3,8,4,10
5,1,10,6,4,8,2,9,3,7
3,2,8,9,6,1,7,5,4,10

11.5　在数组中查找元素

indexOf()方法和lastIndexOf方法分别按照数组顺序和倒序的方法在数组中查找指定的元素，如果该元素存在，则立即返回要查找的元素的位置索引；如果不存在，则返回-1。用法格式如下：

数组名.indexOf(要查找的元素)；

数组名.lastIndexOf(要查找的元素)；

数组名.indexOf(要查找的元素,查找的起始位置)；

数组名.lastIndexOf(要查找的元素,查找的起始位置)；

用法示例：

```
var arr:Array=new Array("a","b","c","d","b","b","c");//定义一个数组
trace(arr.indexOf("c"));//输出:2
trace(arr.lastIndexOf("c"));//输出:6
trace(arr.indexOf("b",3));//输出:4
trace(arr.lastIndexOf("e"))//输出:-1
```

11.6　从数组中获取元素

slice()方法是从原数组中获取一定范围内的元素并组成新数组返回。用法格式如下：

数组名.slice(开始位置,结束位置)；

说明：

➤ 开始位置：要开始获取的元素在数组中的索引位置，不输入会把原数组中的元素全部添加到新数组中。

➤ 结束位置：最大值不能超过16777215，若不输入，则会把开始位置之后的全部元素添加到新数组中。

用法示例：

```
var arr:Array=new Array(1,2,3,4,5,6);//定义一个数组
```

```
trace(arr.slice(1,3));//输出:2,3
var arr1:Array=arr.slice(4);
trace(arr1);//输出:5,6
var arr2:Array=arr.slice();
trace(arr2)//输出:1,2,3,4,5,6
```

11.7 复制数组

concat()方法用于复制数组,用法格式如下:
数组名.concat();
用法示例:

```
var arr:Array=new Array(1,2,3,4,5,6);//定义一个数组
var arr1:Array=arr.concat();
trace(arr1);//输出:1,2,3,4,5,6;
arr1[0]=100;//改变 arr1 的值
trace(arr1);//输出:100,2,3,4,5
trace(arr);//输出:1,2,3,4,5,6
```

11.8 数组转换为字符串

1. toString()方法

toString()方法把数组转换为字符串,用法格式如下:
数组名.toString();
用法示例:

```
var arr:Array=new Array("1","2","3","4","5","6");//定义一个数组
var arr1:String=arr.toString();//转换为字符串
trace(arr1);//输出:1,2,3,4,5,6;
```

2. join()方法

join()方法同样可以将数组中的元素转换为字符串,用法格式如下:
数组名.join(分隔符号);
分隔符号:用指定的符号连接数组中的各个元素,若不选则用逗号分开。
用法示例:

```
var arr:Array=new Array("2013","11","08");//定义一个数组
var arr1:String=arr.join("-");//转换为字符串
trace(arr1);//输出:2013-11-08;
```

11.9 创建字符串

1. 定义一个普通的字符串

普通的字符串可以使用字符串文本直接创建。字符串文本可使用英文双引号或单引号括起一些字符来创建；也可用 String 类的构造函数，借助 new 关键字来定义。

  var str1:String="hello";
  var str2:String='hello';
  var str3:String=new String("hello");

2. 定义含有转义字符的字符串

在 ActionScript 3.0 中,使用反斜杠(\)作为转义符。对系统不能正确编译的字符,在前面加上转义字符,表示该文本不需要编译,作为一个静态字符使用。

  var str1:String="That's \"A—OK\"";
  var str2:String='Thas\'s "A—OK"';
  trace(str1);
  trace(str2);

ActionScript 3.0 转义系列如下：

  \b：退格符
  \f：换页符
  \n：换行符
  \r：回车符
  \t：制表符
  \unnnn：Unicode 字符，字符代码由十六进制数字 nnnn 指定
  \xnn：ASCII 字符，字符代码由十六进制数字 nn 指定
  \'：单引号
  \"：双引号
  \\：单个反斜杠字符

11.10 字符串连接

1. ＋连接符连接字符串

用法示例：

  var num:int=1;
  var str:String="字符串连接"+" "+"示例代码"+num;
  trace(str);//输出:字符串连接 示例代码 1

这里执行了数据类型的隐式转换，把数字类型的变量 num＝1 转换为字符串"1"，然后进行了字符串连接。但是此方法在所有数据是非字符类型时，不能编译通过。

2. ＋＝自赋值连接符追加字符串

用法示例：

```
var str:String="字符串连接";
var num:int=2;
str+="示例代码";
str+=num;
trace(str);//输出:字符串连接示例代码2
```
3. String.concat()方法
```
var str:String="字符串连接";
var str1=str.concat("代码示例3");
trace(str1);//输出:字符串连接代码示例3
```

11.11　搜索字符串

1. indexOf()方法
用法格式:indexOf(str,startIndex);
用法示例:
```
var str:String="搜索字符串代码示例1,示例2";
var str1="示例";
trace(str.indexOf(str1));//输出:7
```
2. lastIndexOf()方法
用法格式:lastIndexOf(str,startIndex);
用法示例:
```
var str:String="搜索字符串代码示例1,示例2";
var str1="示例";
trace(str.lastIndexOf(str1));//输出:11
```

11.12　删除或者替换字符串

用法格式:replace(str1,str2);
说明:此方法将返回一个新的字符串,原始字符串仍保持不变,其中str1是要查找的字符串,str2是用于替换的字符串。
用法示例:
```
var str:String="搜索字符串代码示例";
var str1="搜索";
var str2="替换";
var str3=str.replace(str1,str2);
trace(str3);//输出:替换字符串代码示例
trace(str);//输出:搜索字符串代码示例
```
若要实现删除字符串,只需把用于替换的字符串设置为空字符串即可。

11.13 截取字符串

1. substring()方法

用法格式：substring(startIndex,endIndex);

说明：

➤ startIndex：指定用于创建子字符串的第一个字符的索引。

➤ endIndex：比所提取的子字符串中的最后一个字符的索引大1。

用法示例：

  var str:String="截取字符串代码示例1";

  var str1:String=str.substring(5,10);

  trace(str1);//输出:代码示例1

2. substr()方法

用法格式：substr(startIndex,len);

说明：

➤ startIndex：指定用于创建子字符串的第一个字符的索引。

➤ len：要创建的子字符串中的字符数，如未指定 len，则子字符串包括从 startIndex 到字符串结尾的所有字符。

用法示例：

  var str:String="截取字符串代码示例2";

  var str1:String=str.substr(5,5);

  trace(str1);//输出:代码示例2

3. slice()方法

用法格式：slice(startIndex,endIndex);

用法同 substring()。

11.14 大小写转换

在 ActionScript 3.0 中，提供了字母大小写转换的方法。

➤ toUpperCase()方法：将字符串中的小写字母转换为大写字母，并返回一个新的字符串。

➤ toLowerCase()方法：将字符串中的大写字母转换为小写字母，并返回一个新的字符串。

用法示例：

  var str:String="This is a pen";

  var str1:String=str.toUpperCase();

  trace(str1);//输出:THIS IS A PEN

  var str2:String=str.toLowerCase();

  trace(str2);//输出:this is a pen

11.15 实例——幸运抽奖

本实例实现如下功能:
1. 所有的观众号码随机在屏幕上出现。
2. 单击抽取号码,从中随机抽取一个号码,并显示在右侧的方框中,删除选中的号码,防止重复抽取。
3. 每轮只能抽取三个号码(图 11-1)。

图 11-1 幸运抽奖界面

[制作步骤]

1. 新建一个 ActionScript 3.0 文档,并保存文件为"幸运抽奖.fla"。在右边的文档属性面板中,单击"编辑"按钮,在弹出的文档设置对话框中,将舞台尺寸设为 500×384。

2. 选择【文件】/【导入】/【导入到舞台】,将光盘文件夹 11.15 中的文件"背景.jpg"导入到舞台,并将图层 1 更名为"背景"。

3. 新建图层 2 并更名为"文字",选择文本工具,输入静态文本"联欢晚会"。再选择动态文本,在舞台上分别拖拉出两个动态文本显示框,并将其实例名分别设为 result_txt 和 show_txt。

4. 新建图层 3 并更名为"按钮",选择【窗口】/【公用库】/【按钮】,在弹出的对话框中,将 bar capped orange 按钮拖到舞台上,在库中双击该按钮,将文字修改为"抽取号码",按钮名更改为"start",并将实例名设为"start_btn"。在库面板中复制一次 start 按钮,并将其更名为"next"。双击该按钮,将按钮文字改为"下一轮",然后将 next 按钮拖到舞台中,将其实例名设为"next_btn"。

5. 新建图层 4 并更名为"AS",选中第 1 帧按"F9"键,在弹出的代码面板中输入如下代码:

```
//隐藏下一轮按钮
next_btn.visible=false;
//定义抽取号码范围
var hao:Array=new Array();
```

```
for (var i:int=1; i<1001; i++)
{
    hao.push(i);
}
var num:int = 0;
var add_num:int = 0;
var lun_array:Array = ["一","二","三"];
//1秒变换一个号码
var timer = new Timer(1000);
//注册时间事件的侦听函数
timer.addEventListener(TimerEvent.TIMER,timerHandler);
//定义时间事件的侦听函数
function timerHandler(event:Event):void
{
    //取得hao数组的长度,这里现在是1000
    num = Math.floor(Math.random() * hao.length);
    show_txt.text = hao[num];
}
timer.start();
//注册抽取号码侦听函数;
start_btn.addEventListener(MouseEvent.CLICK,yaohaoF);
//定义抽取号码侦听函数;
function yaohaoF(event:MouseEvent):void
{
    //控制每一轮的次数
    add_num++;
    result_txt.text = "幸运号" + lun_array[add_num - 1] + ":" + Math.floor(Math.random() * hao.length) + "\r";
    //把上面抽出的号码从数组中删除,使它不会再出现
    hao.splice(num,1);
    //如果已经抽出三个号码,就停止
    if (add_num > 3)
    {
        timer.stop();
        show_txt.text = "此轮完成,下一轮?";
        result_txt.text = "";
        //抽奖按钮隐藏,下一轮按钮显示
        start_btn.visible = false;
        next_btn.visible = true;
```

```
        }
    }
    //注册下一轮按钮的侦听函数
    next_btn.addEventListener(MouseEvent.CLICK,nextF);
    //定义下一轮按钮的侦听函数
    function nextF(event:MouseEvent):void
    {
        //下一轮抽奖
        timer.start();
        start_btn.visible = true;
        next_btn.visible = false;
        add_num = 0;
    }
```

11.16　显示动态文本

在 Flash CS 5 中可用文本工具创建 3 种文本类型——静态文本、动态文本和输入文本，而在 ActionScript 3.0 中只能创建动态文本与输入文本。在 ActionScript 3.0 中要使用显示文本，需要导入 flash.text 包中的内容，而基本的文本处理只需导入 flash.text.TextField 类包。TextField 类用于创建显示对象以显示和输入文本。

创建 TextField 类的实例，用法格式如下：

var 文本对象名称:TextField=new TextField();

使用 ActionScript 3.0 创建的 TextField 类的实例，默认的文本类型是动态文本。创建好的 TextField 类的实例，需要使用 TextField 类的 text 属性来设置要显示的文本内容。用法格式如下：

文本对象名称.text=文本内容:String;

11.17　显示输入文本

输入文本的实现同样需要先创建 TextField 类的实例，但是由于其默认的是动态文本类型，所以要使用 TextField 类的 type 属性把文本类型改为输入文本类型。改变后的输入文本的默认值为空，当然也可以使用 TextField 类的 text 属性来指定输入文本的初始值。用法格式如下：

var 文本对象名称:Textfield=new TextField();
文本对象名称.type=TextfieldType.input;
文本对象名称.text=文本内容:String;

11.18　文本对象的基本设置

使用 TextField 类创建的文本对象，可以利用 Textfield 类的属性对基本样式进行设

置,常用属性如下:

  autoSize:自动控制文本字段的大小调整和对齐
  background:指定文本字段是否具有背景填充
  backgroundColor:文本字段背景的颜色
  border:指定文本字段是否具有边框
  borderColor:文本字段边框的颜色
  textColor:文本字段中文本的颜色(十六进制格式)
  textHeight:只读属性,文本的高度,以像素为单位
  textWidth:只读属性,文本的宽度,以像素为单位

11.19 TextFormat 格式化属性

TextFormat 格式化方法使用 TextFormat 类来实现。要创建 TextFormat 文本格式,需要使用 new Textformat()方法创建 TextFormat 对象,才能设置该构造函数的属性。

TextFormat 类的常用属性如下:
  align:指示段落的对齐方式
  blockIndent:指示块缩进,以像素为单位
  bold:指示文本是否为粗体字
  bullet:指示文本为带项目符号的列表的一部分
  color:指示文本的颜色
  font:使用此文本格式的文本的字体名称,以字符串形式表示
  indent:指示从左边距到段落中第一个字符的缩进
  italic:指示使用此文本格式的文本是否为斜体
  kerning:一个布尔值,指示是启用(true)还是禁用(false)字距调整
  leading:一个整数,表示行与行之间的垂直间距量(称为前导量)
  leftMargin:段落的左边距,以像素为单位
  letterSpacing:一个整数,表示在所有字符间统一分配的空格量
  rightMargin:段落的右边距,以像素为单位
  size:使用此文本格式的文本的磅值
  tabStops:将自定义 Tab 停靠位指定为一个非负整数的数组
  target:指示显示超链接的目标窗口
  underline:指示使用此文本格式的文本是带下划线(true)还是不带下划线(false)
  url:指示使用此文本格式的文本的目标 URL

11.20 setTextFormat()方法介绍

TextField 类的 setTextFormat()方法用于使用 TextFormat 样式来格式化的文本。
用法格式:
SetTextFormat(format,beginIndex,endIndex);

说明:
- format:一个包含字符和段落格式设置信息的 TextFormat 对象。
- beginIndex:数字,指定所需文本范围内第一个字符的从 0 开始的索引位置。
- endIndex:数字,指定所需文本范围内最后一个字符的从 0 开始的索引位置。

用法示例:

使用 TextFormat 对象的格式化属性对文本"这是使用 TextFormat 格式化的文本"实现如下格式化效果:
- 字体类型=宋体
- 字体颜色=红色
- 字体大小=24
- 字体排列=居中
- 字体下划线=true
- 字体粗体=true
- 字体斜体=true

新建一个 ActionScript 3.0 文件,选中第一帧按"F9"键,在弹出的代码面板窗口输入如下代码:

```
var tf:TextField=new TextField();//定义文本对象
tf.text="这是使用 Textformat 格式化的文本";//文本内容
tf.width=400;//设置文本宽度
tf.x=100;//设置文本横坐标
tf.y=100;//设置文本纵坐标
addChild(tf)//添加到舞台
var TF:TextFormat=new TextFormat();//定义格式化文本对象
TF.align=TextFormatAlign.CENTER;//文本居中
TF.color=0xff0000;//文本颜色
TF.font="宋体"//文本字体
TF.size=24;//文本大小
TF.underline=true;//文本下划线
TF.bold=true;//文体粗体
TF.italic=true;//文本斜体
tf.setTextFormat(TF);//在文本区域上执行格式化操作
```

11.21 过滤输入文本

过滤输入文本需要使用 TextField 类的 restrict 属性来控制。restrict 属性的默认值为 null,表示可以输入任何字符。如果 restrict 属性的值为空字符串,则表示不能输入任何字符。如果 restrict 属性的值为一字符串,则只能在文本字段中输入该字符串中的字符。限制的规律是从左向右扫描该字符串,若此字符串中存在,可以输入,否则不能输入。如果是连续的字符串,则可以使用连字符(-)指定一个范围。

用法示例：
如限制字符的输入范围为只能输入大写字母、空格和数字：
文本对象.restrict="A-Z 0-9";
此外,还可以使用"^"来排除指定的字符,有两种方式：
➤ 如果字符串以^开头,则先接受所有字符,然后从接受的字符集中排除字符串中^之后的字符。
➤ 如果字符串不以^开头,则接受字符串中的字符,^之后的字符除外。
下面的示例包含除小写字母之外的所有字符：
文本对象.restrict="^a-z";
下面的示例包含数字、空格和除X、Y与Z之外的大写字母：
文本对象.restrict="A-Z 0-9^X\\^Y\\^Z";

11.22 实例—— 文字鼠标跟随

新建一个 ActionScript 3.0 文档,并保存文件为"文字鼠标跟随.fla"。选中第 1 帧按"F9"键,在弹出的代码面板中输入如下代码：

```
//定义变量
var txt:String = "南通高师欢迎您!";
var len:Number = txt.length;
//创建空显示对象
var txt0:Sprite=new Sprite();
addChildAt(txt0,0);
//拖动显示对象
txt0.startDrag(true);
//使用循环截取字符串;
for (var i:int=1; i<=len+1; i++)
{
//创建文本对象
var t:TextField=new TextField();
//截取文本对象
t.text = txt.substr(i - 1,1);
//加入舞台
addChildAt(t,i);
}
//注册帧循环事件侦听函数
addEventListener(Event.ENTER_FRAME,enterframe);
//定义帧循环事件侦听函数
function enterframe(event:Event)
{
```

```
//使用循环实现跟随鼠标效果
for (var j:int=1; j<=len; j++)
{
    getChildAt(j).x+=(getChildAt(j-1).x-getChildAt(j).x)*0.18+3;
    getChildAt(j).y+=(getChildAt(j-1).y-getChildAt(j).y)*0.18;
}
}
```

最后保存文件,测试影片。

第12章　Flash课件范例
函数 $y = A\sin(\omega x + \varphi)$ 的图象

12.1　课件脚本设计

[教学目标]

1. 振幅变换、周期变换和相位变换，会用图象变换的方法和"五点法"作出函数 $y = A\sin(\omega x + \varphi)$ 的图象。

2. 渗透数形结合思想、分类讨论思想和化归思想，提高学生分析问题和解决问题的能力。

（当课件进入教学页面时以打字效果的方式显示教学目标，若无须显示可按导航菜单中的"复习引入"进入新课）。

[复习引入]

进入"复习引入"模块，课件分别演示用 Flash 制作的单摆、弹簧振子、交流电波的动画，然后显示"在物理和工程技术的许多问题中，例如当单摆和弹簧振子作简谐振动时，位移 s 与时间 t 的关系，交流电中电流 i 与时间 t 的关系等都可用形如 $y = A\sin(\omega x + \varphi)$ 的函数来表示。"由此引入新课。

[构建概念]

在"构建概念"模块，结合弹簧振子的动画，按"继续"按钮可逐步给出振幅、周期、频率、相位和初相等概念。

设物体做简谐运动时，位移 s 和时间 t 的关系为 $s = A\sin(\omega t + \varphi)(A > 0, \omega > 0)$，其中 A 是物体振动时离开平衡位置的最大距离，称为振动的振幅；往复振动一次所需的时间 $T = \dfrac{2\pi}{\omega}$ 称为这个振动的频率；单位时间内往复振动的次数 $f = \dfrac{1}{T} = \dfrac{\omega}{2\pi}$ 称为这个振动的频率；$\omega x + \varphi$ 称为相位，$t = 0$ 时的相位 φ 称为初相。

[探索研究]

1. 函数 $y = A\sin x (A > 0$ 且 $A \neq 1)$ 的图象

首先用"五点法"分别作出函数 $y = 4\sin x, x \in R, y = \dfrac{1}{2}\sin x, x \in R$ 的动态简图。然后请学生观察图象，说出如何分别由 $y = \sin x$ 的图象得到 $y = \dfrac{1}{2}\sin x$ 的图象和 $y = 4\sin x$ 的图象。再演示由 $y = \dfrac{1}{2}\sin x$ 的图象到 $y = 4\sin x$ 的图象的动态变换过程，可由按钮控制暂停与播放。在此基础上，最后用文字和播音方式同步给出结论："一般地，函数

$y = A\sin x$ 的图象可以看作是把 $y = \sin x$ 图象上所有点的纵坐标伸长或缩短到原来的 A 倍(横坐标不变)而得到的。"

2. 函数 $y = \sin \omega x (\omega > 0$ 且 $\omega \neq 1)$ 的图象

首先用"五点法"分别作出函数 $y = \sin 2x, x \in R, y = \sin \frac{1}{2}x, x \in R$ 的动态简图。然后请学生观察图象,说出如何分别由 $y = \sin x$ 的图象得到 $y = \sin 2x$ 的图象和 $y = \sin \frac{1}{2}x$ 的图象。再演示由 $y = \sin 2x$ 的图象到 $y = \sin \frac{1}{2}x$ 的图象的动态变换过程,可由按钮控制暂停与播放。在此基础上,最后用文字和播音方式同步给出结论:"一般地,函数 $y = \sin \omega x$ 的图象可以看作是把 $y = \sin x$ 图象上所有点的横坐标缩短或伸长到原来的 $\frac{1}{\omega}$ 倍(纵坐标不变)而得到的。"

3. 函数 $y = \sin(x + \varphi)$ 的图象

首先用"五点法"分别作出函数 $y = \sin\left(x + \frac{\pi}{4}\right), x \in R, y = \sin\left(x - \frac{\pi}{4}\right), x \in R$ 的动态简图。然后请学生观察图象,说出如何分别由 $y = \sin x$ 的图象得到 $y = \sin\left(x + \frac{\pi}{4}\right)$ 的图象和 $y = \sin\left(x - \frac{\pi}{4}\right)$ 的图象。再演示由 $y = \sin\left(x - \frac{\pi}{4}\right)$ 的图象到 $y = \sin\left(x + \frac{\pi}{4}\right)$ 的图象的动态变换过程,可由按钮控制暂停与播放。在此基础上,最后用文字和播音方式同步给出结论:"一般地,函数 $y = \sin(x + \varphi)$ 的图象可以看作是把 $y = \sin x$ 图象上所有点向左 $(\varphi > 0)$ 或向右 $(\varphi < 0)$ 平移 $|\varphi|$ 单位而得到的。"

[讲解范例]

实例 若函数 $y = 3\sin\left(2x - \frac{\pi}{3}\right)$ 表示一个振动量:

(1) 求这个振动的振幅、周期、初相;
(2) 画出该函数在长度为一个周期的闭区间上的简图。

在解(2)时用两种方法,第一种方法用"五点法"动态作出函数的图象。第二种方法用"图象变换法"。第一条变换途径:$y = \sin x \to y = \sin\left(x - \frac{\pi}{3}\right) \to y = \sin\left(2x - \frac{\pi}{3}\right) \to y = 3\sin\left(2x - \frac{\pi}{3}\right)$。先按上述变换途径依次作出函数的图象,再动态演示其变换过程,可用按钮暂停或播放,让学生看清其变换过程。第二条变换途径:$y = \sin x \to y = \sin 2x \to y = \sin\left(2x - \frac{\pi}{3}\right) \to y = 3\sin\left(2x - \frac{\pi}{3}\right)$。先按上述变换途径依次作出函数的图象,再动态演示其变换过程,可用按钮暂停或播放,让学生看清其变换过程。然后引导学生总结出一般的结论,特别提醒学生由 $y = \sin \omega x$ 的图象变换到 $y = \sin(\omega x + \varphi)$ 的图象是向左 $(\varphi > 0)$ 或向右 $(\varphi < 0)$ 平移 $\frac{|\varphi|}{\omega}$ 单位。最后请学生思考由函数 $y = \sin x$ 的图象变换到函数 $y = \sin \omega x$ 的图象一共有几条变换途径。设计一个页面,可由学生根据需要自己输入参数 A、ω、φ 的值,作出函数 $y = A\sin(\omega x + \varphi)$ 的图象,进行自由试探。

[课堂练习]

显示四道课堂练习题(苏教版高中数学必修 4 第 41 页练习 1~4),学生练习后,按"答案"按钮显示正确答案。

[反思总结]

显示按知识技能与思想方法小结的本课内容(略)。

[布置作业]

显示作业题(苏教版高中数学必修 4 第 46 页习题 7、8)。

12.2 课件影片剪辑的制作

1. 课件封面上的校名,叠放字动画"南通高等师范学校"。
2. 课件封面上名称 swf 动画"函数 $y=A\sin(\omega x+\varphi)$ 的图象",此动画可由 flax 3.0 软件制作。
3. 课件封面上几何体 swf 动画,此动画由 Swift 3D 软件制作。
4. 课件封面上齿轮开始菜单动画(后面详解)。
5. "复习引入"模块中的单摆、弹簧振子和模拟交流电的动画。
6. "探索研究"模块中函数 $y=4\sin x, y=\frac{1}{2}\sin x, y=\sin 2x, y=\sin\frac{1}{2}x, y=\sin\left(x+\frac{\pi}{4}\right), y=\sin\left(x-\frac{\pi}{4}\right)$ 图象的生成动画。振幅变换、周期变换、相位变换的演示动画及相应结论的有打字效果的文字动画(后面详解)。
7. "讲解例题"模块中的函数 $y=3\sin\left(2x-\frac{\pi}{3}\right)$ 图象的生成动画,以及按以下两条途径由 $y=\sin x$ 变换到 $y=3\sin\left(2x-\frac{\pi}{3}\right)$ 图象的动画:

途径 1:$y=\sin x \rightarrow y=\sin\left(x-\frac{\pi}{3}\right) \rightarrow y=\sin\left(2x-\frac{\pi}{3}\right) \rightarrow y=3\sin\left(2x-\frac{\pi}{3}\right)$

途径 2:$y=\sin x \rightarrow y=\sin 2x \rightarrow y=\sin\left(2x-\frac{\pi}{3}\right) \rightarrow y=3\sin\left(2x-\frac{\pi}{3}\right)$

还有通过自由输入 A、ω、φ 的值画出函数 $y=A\sin(\omega x+\varphi)$ 的图象的影片剪辑。

8. 课堂练习模块中相关答案的影片剪辑。
9. 坐标轴的影片剪辑。
10. 退出对话框影片剪辑(后面详解)。
11. 课件片尾动画(后面详解)。

12.3 课件界面的设计

1. 课件封面的设计

课件运行后,课件封面左上角为校名"南通高等师范学校"的叠放字动画,中间左边圆内是几何组合体的旋转动画,中间右边是课件名称"函数 $y=A\sin(\omega x+\varphi)$ 的图象"的动画,上下两段文字从左到右逐渐出现组合成倒影效果。右下角是旋转的齿轮动画,当将鼠标滑过齿轮,齿轮打开展现开始菜单。单击"音乐"按钮可暂停或播放背景音乐,单击"进入"按钮即可进入教学界面(图 12-1)。

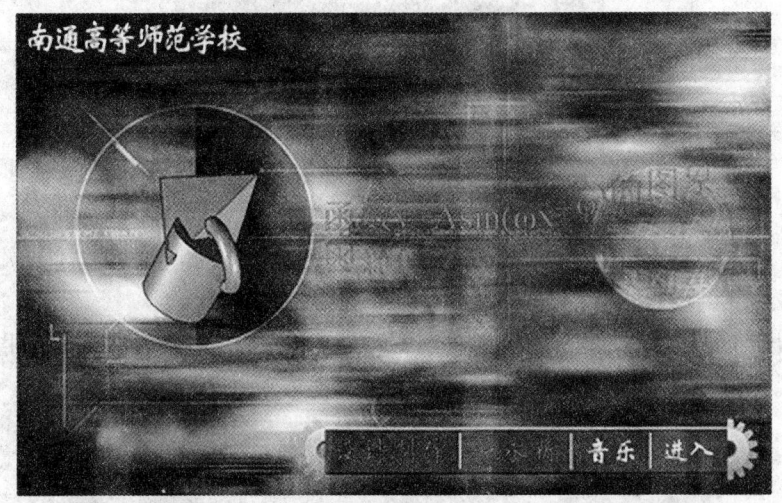

图 12-1　课件封面设计

2. 教学界面的设计

在教学界面的下方一共设置了五个按钮和一个显示实时时间的电子时钟,当鼠标移到按钮上时出现相应文字提示。从左到右五个按钮依次是"导航"按钮、"音乐"按钮、"返回"按钮、"继续"按钮、"退出"按钮。用鼠标单击"导航"按钮,则从左侧弹出导航菜单(图 12-2),再次单击"导航"按钮则菜单自动从右向左退出教学界面。单击菜单上的按钮则可进入相应的教学模块,菜单自动从右向左退出教学界面。单击"音乐"按钮,可播放或暂停背景音乐。单击"继续"按钮,则显示下一步的教学内容。单击"返回"按钮,则显示上一步的教学内容。

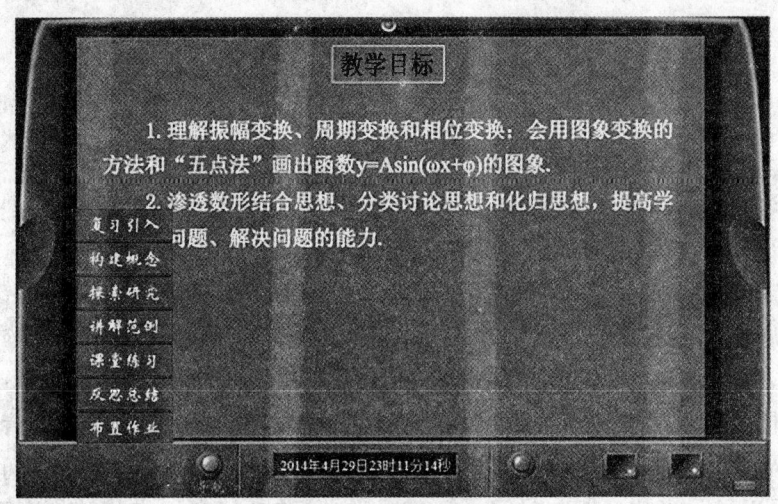

图 12-2　教学界面设计

单击"退出"按钮,弹出退出对话框(图12-3),单击"否"按钮或"叉"按钮,退出对话框消失;单击"是"按钮,则运行片尾动画,退出课件。

图12-3　退出对话框

3. 课件封底的设计

课件退出前运行片尾动画,依次从左到右和从右到左出现欢迎使用、敬请指导、作者:施永新等信息。界面如图12-4所示。

图12-4　封底界面设计

12.4　时间轴总体设计

1. 新建一个ActionScript 3.0文档,并将文件保存为"函数$y = A\sin(\omega x + \varphi)$的图象.fla"。在右边的文档属性面板中,单击"编辑"按钮,在弹出的文档设置对话框中,将舞台尺寸设为1 000×625,背景设为黑色,帧频设为12。

2. 将时间轴第1层更名为"模块标记",在第3帧按"F7"插入一空白关键帧,选中该帧并在右侧属性面板名称输入框中输入"引入",设置帧标签。用同样方法分别在相应的帧设置概念、探究、范例、练习、总结、作业、退出等帧标签,这样为用gotoAndStop()命令导航到相应模块提供了方便。第2层为课件封面层,只在第1帧导入封面背景图片。第3层为教学界面层,在第2帧导入教学界面背景图片,并在显示当前日期时间处设置一动态文本框,用于显示当前日期与时间。第4层为坐标轴层,在相应的帧将库面板中的zbz影片剪辑元件拖到舞台中。第5层为影片动画层,将课件用到的影片剪辑动画统一放在该层。第6层为文字图片层,将教学模块中用到的文字与图片统一放在该层。第7层为按钮层,将继续、返回、退出、音乐、导航和动画播放等按钮统一放在该层。第 8 层为 AS 层,将课件所有的 ActionScript 3.0 代码统一放在该层。这样分层设置,便于课件的编辑与修改(图 12-5)。

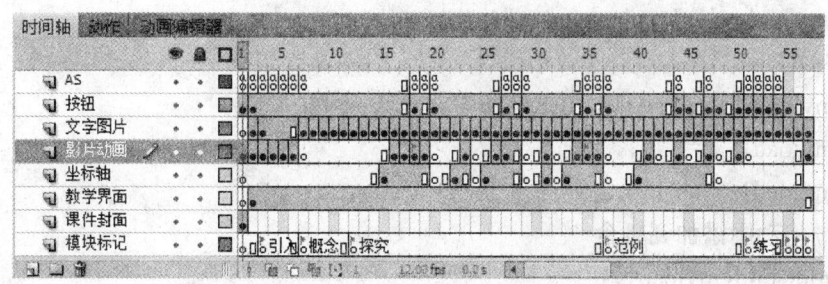

图 12-5 时间轴总体设计

12.5 初始化变量的设置

在 AS 层第 1 帧中输入下列代码:

  var musicflag:Boolean = true;
  var menuflag:Boolean = false;
  var mcflag:Boolean = false;
  var fullflag:Boolean=true;

其中变量 musicflag 用于控制背景音乐的播放与暂停,变量 menuflag 用于单击导航按钮时控制导航菜单的出现与退出。变量 mcflag 用于单击播放按钮时控制振幅变换、周期变换、相位变换的动画播放与暂停。变量 fullflag 用于单击全屏切换按钮时控制屏幕在全屏显示与正常模式之间切换。

12.6 课件片头的制作

1. 将光盘第 12 章素材文件夹中的文件 fmbj.jpg 导入到库,选中时间轴课件封面层的第 1 帧,并将库中的位图 fmbj.jpg 拖到舞台,将其位置设为 x:0,y:0。

2. 选中时间轴影片动画层的第 1 帧,将库中制作好的校名影片剪辑拖到舞台中,将其位置设为 x:29,y:32;将库中制作好的开始菜单影片剪辑拖到舞台中,将其位置设为 x:534,y:567,并将其实例名设为 clmenu。

3. 将光盘第 12 章文件夹中的 1.swf 和 bt.swf 两个外部 swf 动画导入舞台,在时间轴 AS 层第 1 帧按"F9"键,输入如下代码:

  stop();
  //全屏运行
  fscommand("fullscreen","true");
  //加载几何体动画
  //载入文件路径名称
  var swf1URL:String = "1.swf";

//建立载入接收对象
var swf1URLReq:URLRequest = new URLRequest(swf1URL);
//建立 loader 对象
var myload1:Loader=new Loader();
//执行载入
myload1.load(swf1URLReq);
myload1.x = 40;
myload1.y = 130;
//将动画添加到舞台
addChild(myload1);
//加载标题动画
var swf2URL:String = "bt.swf";
var swf2URLReq:URLRequest = new URLRequest(swf2URL);
var myload2:Loader=new Loader();
myload2.load(swf2URLReq);
myload2.x = 400;
myload2.y = 240;
addChild(myload2);

4. 要使课件运行后自动播放背景音乐,应先将第12章素材文件夹中的 bjyy.wav 导入到库。选中库中的 bjyy.wav 元件,单击鼠标右键选属性,在弹出的声音属性对话框的链接栏中,勾选为 ActionScript 导出(x)和在帧1中导出,在类输入框中输入 BjSound。然后选中时间轴 AS 层的第1帧按"F9"键,输入下列代码:

//新建封面背景声音对象
var bjsound:BjSound=new BjSound();
//新建声音通道对象
var bjsong:SoundChannel=new SoundChannel();
//确定初始播放位置与次数
bjsong = bjsound.play(0,100);

12.7 开始菜单的制作

1. 制作步骤

(1) 选择【插入】/【新建元件】,类型为影片剪辑,名称为"齿轮"。用制作逐帧动画的方法,在第1帧到第31帧,绘制齿轮旋转过程中不同位置的图形。具体参见光盘中的源文件。

(2) 选择【插入】/【新建元件】,类型为影片剪辑,名称为"左半齿轮"。将齿轮第1帧中的图形(图12-6)复制粘贴到第1帧,并将图形的右半部分删除。同理,新建一个"右半齿轮"的影片剪辑。

(3) 选择【插入】/【新建元件】,类型为按钮,名称为"方形不可见"。在时间轴"点击"帧按"F7"键插入一空白关键帧,选择矩形工具,画一个无边框的矩形,宽为 90,高为 90,位置为 $x:-45,y:-45$。同理,新建一个"圆形不可见"按钮,直径为 90,位置为 $x:-45,y:-45$。

图 12-6 第 1 帧中的齿轮图形

(4) 选择【插入】/【新建元件】,类型为图形,名称为"蓝色矩形"。在工作区用矩形工具画一个无边框的蓝色矩形,工作区中心与矩形中心重合,宽为 820,高为 76.2。

(5) 选择【插入】/【新建元件】,类型为影片剪辑,名称为"开始菜单"。将时间轴第 1 层更名为"蓝色矩形"。在第 2 帧按"F6"键插入一关键帧,将库面板中的蓝色矩形图形元件拖到工作区中,在右侧属性面板中的宽、高关联按钮。处于解锁状态下设置宽为 12.10,高为 55.9,位置设为 $x:403,y:0$。选择任意变形工具,用选择工具将变形中心移到矩形的右侧中间位置。

(6) 分别在第 9 帧和第 16 帧按"F6"键插入关键帧,然后选中第 9 帧中的蓝色矩形,设置宽为 533.4。

(7) 分别选中第 2 帧和第 9 帧,然后分别单击鼠标右键,选择【创建传统补间】。将光盘第 12 章素材文件夹中的声音文件 whoosh.wav 导入到库。选中第 2 帧,将库中的声音元件 whoosh.wav 拖入到舞台。

(8) 新建图层 2 并更名为"白色边线"。在第 2 帧按"F6"键插入一关键帧,用线条工具在工作区画一宽为 17、笔触高为 2 的白色线段,位置设为 $x:392,y:-29$。分别在第 9 帧和第 16 帧按"F6"键插入关键帧,然后选中第 9 帧中的白色线段,设置宽为 533.95,位置设为 $x:-126,y:-29$。分别选中第 2 帧和第 9 帧,然后分别单击鼠标右键,选择【创建补间形状】。

(9) 新建图层 3 并更名为"黑色边线"。在第 2 帧按"F6"键插入一关键帧,用线条工具在工作区画一宽为 17、笔触高为 2 的黑色线段,位置设为 $x:392,y:29$。分别在第 9 帧和第 16 帧按"F6"键插入关键帧,然后选中第 9 帧中的黑色线段,设置宽为 533.95,位置设为 $x:-126,y:29$。分别选中第 2 帧和第 9 帧,然后分别单击鼠标右键,选择【创建补间形状】。

(10) 新建图层 4 并更名为"左半齿轮"。在第 2 帧按"F6"键插入一关键帧,将库面板中的左半齿轮元件拖到工作区中,选中左半齿轮元件,在右侧属性面板中,单击宽、高关联按钮,使其处于锁定状态。将高设为 80,位置设为 $x:388.55,y:-1.05$。分别在第 9 帧和第 16 帧按"F6"键插入关键帧,然后选中第 9 帧中的左半齿轮,在属性面板中将其位置设为 $x:-146.05,y:-1.05$。分别选中第 2 帧和第 9 帧,然后分别单击鼠标右键,选择【创建传统补间}。

(11) 新建图层 5 并更名为"右半齿轮"。在第 2 帧按"F6"键插入一关键帧,将库面板中的右半齿轮元件拖到工作区中,选中右半齿轮元件,设置高为 80,位置设为 $x:427.75,y:-1.05$。

(12) 新建图层 6 并更名为"齿轮"。将库面板中的齿轮元件拖到工作区中,选中齿轮元件,设置高为 80,位置设为 $x:343.95,y:-48.85$。

(13) 新建图层 7 并更名为"按钮"。将库面板中的圆形不可见按钮元件拖到工作区中,并将其宽、高均设为 80,位置设为 $x:413.30,y:-1.15$。选中第 1 帧,按"F9"键,输入代码:stop()。

(14) 在按钮层的第 9 帧按"F7"键插入一空白关键帧。在库面板中拖两个方形不可见按钮元件到工作区中左右排列,宽、高均设为 65.2,将其位置分别设为 $x:250.60,y:-1.00$ 和 $x:352.40,y:-1.00$,再按"F9"键输入代码:stop()。

(15) 新建图层 8 并更名为"文字"。在第 9 帧按"F6"键插入一关键帧(图 12-7)。将帧播放头拖至第 9 帧,按图 12-8 输入相关文字并画三条白色分隔线(图 12-8)。

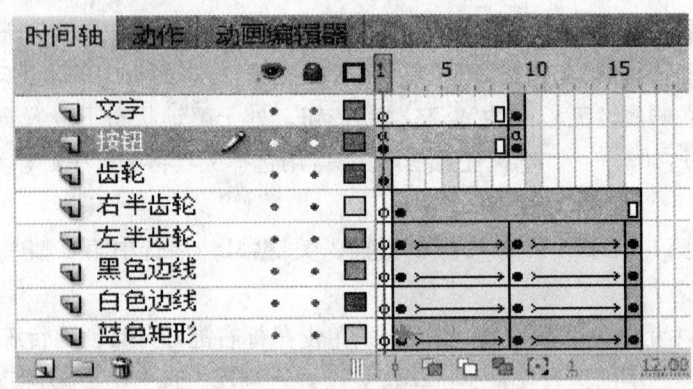

图 12-7 开始菜单时间轴

图 12-8 开始菜单中的文字

(16) 选中开始菜单按钮层第 1 帧中的圆形不可见按钮,将其实例名设为:fmcl_btn。选中第 9 帧中的两个方形不可见按钮,将其实例名分别设为 fmyy_btn 和 fmjr_btn。

2. 功能实现

返回场景 1,选中主时间轴的按钮层第 1 帧,将库面板中的开始菜单影片剪辑拖到舞台,并将其位置设为 $x:534,y:567$。在主时间轴 AS 层第 1 帧按"F9"键,输入下列代码:

```
//注册封面齿轮影片剪辑的侦听函数
clmenu.addEventListener(MouseEvent.ROLL_OUT,fmclrollout);
//定义封面齿轮影片剪辑的侦听函数
function fmclrollout(event:MouseEvent):void
```

```
{
    clmenu.play();
}
//定义控制封面音乐的函数
function fmyy()
{
    if (musicflag == true)
    {
        bjsong.stop();
        musicflag = ! musicflag;
    }
    else
    {
        bjsong = bjsound.play(0,100);
        musicflag = ! musicflag;
    }
}


//对舞台上的所有按钮和影片剪辑进行侦听
addEventListener(MouseEvent.CLICK，getButtonName);
function getButtonName(evt:MouseEvent)
{
    switch (evt.target.name)
    {
        case "fmjr_btn"：
            removeChild(myload1);
            removeChild(myload2);
            bjsong.stop();
            musicflag = ! musicflag;
            nextFrame();
            break;
        case "fmyy_btn"：
            fmyy();
            break;
        default：
            return;
    }
}
```

说明：课件中所有按钮或影片剪辑的CLICK事件代码可全部放入函数 getButton Name

(evt：MouseEvent)内统一处理。

12.8 导航菜单的制作

1. 制作步骤

(1) 选择【插入】/【新建元件】,类型为按钮,名称为"复习引入"。选择矩形工具,画一个边框颜色为红色,填充颜色为浅蓝、深蓝、浅蓝线性渐变的矩形,宽为127,高为41,位置为$x：-62,y：-21$。选择文本工具,在工作区输入文字"复习引入",字体为"新魏碑",字号为24,然后将其移到矩形中间区域。分别在按钮元件时间轴的指针帧和按下帧按"F6"键插入关键帧。选中指针帧,将该帧中矩形的填充颜色改为绿、黑径向渐变式;在点击帧中按"F5"键,插入一普通帧。

(2) 选中库面板中的"复习引入"按钮,单击鼠标右键,选择直接复制,在弹出的对话框中将名称更改为"构建概念",然后双击"构建概念"按钮,将其中的文字改为构建概念。用同样方法制作探索研究、讲解范例、课堂练习、反思总结、布置作业按钮。最后对所有按钮中的文字按"Ctrl+B"将其打散。

(3) 选择【插入】/【新建元件】,类型为影片剪辑,名称为"导航菜单"。在工作区画一无边框的黑色矩形,宽为127,高为304,位置为$x：-62,y：-5$。新建图层2,将库面板中的复习引入、构建概念、探索研究、讲解范例、课堂练习、反思总结、布置作业从上到下依次排在黑色矩形的上方。依次选中这些按钮,分别将其实例名设为 zjmyinru_btn,zjmgainian_btn,zjmtanjiu_btn,zjmfangli_btn,zjmlianxi_btn,zjmzongjie_btn,zjmzuoye_btn。

图 12-9 导航菜单

2. 功能实现

返回场景1,在主时间轴的按钮层第2帧按"F7"键插入一空白关键帧,将库面板中的开始菜单影片剪辑拖到舞台中,在右侧属性面板中将其位置设为$x：-160,y：332$。在 AS 层第 1 帧按"F9"键,在函数 function getButtonName(evt:MouseEvent)中的 break;与 default:之间添加下列代码:

```
case "zjmyinru_btn":
    gotoAndStop("引入");
    daohangmenugoback();
    break;
case "zjmgainian_btn":
    daohangmenugoback();
    gotoAndStop("概念");
    break;
case "zjmtanjiu_btn":
    gotoAndStop("探究");
    daohangmenugoback();
    break;
case "zjmfangli_btn":
    gotoAndStop("范例");
    daohangmenugoback();
    break;
case "zjmlianxi_btn":
    gotoAndStop("练习");
    daohangmenugoback();
    break;
case "zjmzongjie_btn":
    gotoAndStop("总结");
    daohangmenugoback();
    break;
case "zjmzuoye_btn":
    gotoAndStop("作业");
    daohangmenugoback();
    break;
```

12.9 功能按钮的制作

1. 导航、音乐、返回、继续、退出按钮的制作

(1) 选择【文件】/【导入】/【导入到库】,将光盘第 12 章素材文件夹中的"继续.jpg"、"返回.jpg"、"exit.jpg"等位图文件导入到库。

(2) 选择【插入】/【新建元件】,类型为"按钮",名称为"继续"。将库面板中的继续.jpg 位图元件拖到工作区中,使其中心与工作区中心重合。然后在指针帧和按下帧分别按"F6"键插入一关键帧。选中指针帧,用文本工具在按钮下方输入红色的 24 号新魏碑体文字"继

续",并按"Ctrl+B"将其打散。选中按下帧,选中位图,选择任意变形工具将其适当缩小。在点击帧按"F5"键,插入一普通帧。用同样方法制作返回按钮与退出按钮。

(3)选择【窗口】/【公用库】/【按钮】,将按钮 push button-blue 拖到库面板中,并将其更名为"音乐"。双击按钮,选择文本工具,选择第 17 层指针帧,在按钮下方输入红色 24 号新魏体文字"音乐",并按"Ctrl+B"将其打散。将按钮 push button-green 拖到库面板中,并将其更名为"导航"。双击按钮,选择文本工具,选择第 17 层指针帧,在按钮下方输入红色 24 号新魏体文字"导航",并按"Ctrl+B"将其打散。

2. 退出对话框的制作

(1)选择【插入】/【新建元件】,类型为"按钮",名称为"叉"。用矩形工具和线条工具在工作区中画一个红底的白叉,位置为 $x:0,y:0$,宽为 24,高为 23。然后在指针帧和按下帧分别按"F6"键插入一关键帧。选中指针帧,选中所画图形,选择任意变形工具将其适当放大。在点击帧按"F5"键,插入一普通帧。

(2)选择【插入】/【新建元件】,类型为"按钮",名称为"是"。用矩形工具在工作区中画一个边框颜色为红色,填充颜色为绿、黑径向渐变的矩形,位置为 $x:-46,y:-14$,宽为 90,高为 28。选择文本工具输入字号为 20 的白色文字"是(Y)",并将其移到按钮中间。然后在指针帧和按下帧分别按"F6"键插入一关键帧。选中指针帧,将矩形的填充颜色改为红、黑径向渐变。选中按下帧,将矩形的填充颜色改为蓝、黑径向渐变。在点击帧按"F5"键插入一普通帧。同样方法制作"否"按钮。

(3)选择【插入】/【新建元件】,类型为"图形",名称为"对话框背景"。用线条工具和矩形工具画出如图 12-10 所示的对话框背景,位置为 $x:-205,y:-107$,宽为 411,高为 223。用文本工具输入相关文字,并按"Ctrl+B"将其打散。

图 12-10　退出对话框背景

(4)选择【插入】/【新建元件】,类型为"影片剪辑",名称为"退出"。在图层 1 的第 2 帧按"F6"键插入一关键帧,将库面板中的"对话框背景"图形元件拖入到工作区中,位置为 $x:0,y:0$。将库面板中的"是"按钮元件拖到工作区中,位置为 $x:-44,y:58$,设置其实例名为 tckyes_btn。将库面板中的"否"按钮元件拖到工作区中,位置为 $x:90,y:58$,设置其实例名为 tckno_btn。将库面板中的"叉"按钮元件拖到工作区中,位置为 $x:172,y:-100$,设置其实例名为 tckcha_btn。选中第 2 帧按"F9"键,在弹出的代码输入面板中输入:

stop();

3. 功能实现

(1)返回场景 1,选中时间轴按钮层的第 1 帧,将库中制作好的退出影片剪辑拖到舞台中,将其位置设为 $x:0,y:0$,并将其实例名设为 tcmovie。当按"退出"按钮时将会调用此影片剪辑。

(2) 在时间轴按钮层的第 2 帧按 "F6" 键插入关键帧,分别将库面板中的导航按钮、音乐按钮、返回按钮、继续按钮、退出按钮拖到舞台中,并将它们的实例名分别设为 zjmdaohang_btn、zjmyinyue_btn、zjmprev_btn、zjmnext_btn、zjmexit_btn。

(3) 选中时间轴 AS 层的第 1 帧并按 "F9" 键,在弹出的代码输入面板中输入如下代码:

```
import flash.events.MouseEvent;
//导入实现页面切换效果的包
import fl.transitions.*;
import fl.transitions.easing.*;
//退出对话框不可见
tcmovie.visible = false;
//隐藏导航菜单函数
function daohangmenugoback()
{
    daohangmenu.x = -160;
    daohangmenu.y = 254;
    //导航菜单向左缓动隐藏
    TransitionManager.start(daohangmenu,{type:Fly,direction:Transition.OUT,duration:4,easing:Strong.easeOut,startPoint:4});
    menuflag = !menuflag;
}
//导航按钮开关函数
function daohangkaiguan()
{
    if (menuflag == false)
    {
        daohangmenu.x = 143;
        daohangmenu.y = 254;
        //导航菜单向右缓动出现
        TransitionManager.start(daohangmenu,{type:Fly,direction:Transition.IN,duration:4,easing:Strong.easeOut,startPoint:4});
        menuflag = !menuflag;
    }
    else
    {
        daohangmenugoback();//隐藏导航菜单
    }
}
```

输入上述代码后,再在函数 function getButtonName(evt:MouseEvent) 中的 "break";

与"default":之间添加下列代码：

```
        case "tckyes_btn":
            gotoAndStop("退出");
            break;
        case "tckno_btn":
            tcmovie.visible = false;
            tcmovie.x = 0;
            tcmovie.y = 0;
            break;
        case "tckcha_btn":
            tcmovie.visible = false;
            tcmovie.x = 0;
            tcmovie.y = 0;
            break;
        case "zjmexit_btn":
            tcmovie.visible = true;
            tcmovie.x = 500;
            tcmovie.y = 300;
            break;
        case "zjmnext_btn":
            if (this.currentFrame < 56)
            {
                nextFrame();
            }
            break;
        case "zjmprev_btn":
            if (this.currentFrame > 3)
            {
                prevFrame();
            }
            break;
        case "zjmyinyue_btn":
            fmyy();
            break;
        case "zjmdaohang_btn":
            daohangkaiguan();
            break;
```

至此课件的程序框架结构制作完成。

12.10　教学界面电子时钟的制作

1. 在场景1时间轴的教学界面层的第2帧按"F6"键插入一关键帧。选择文本工具在教学界面拖拉出一文本框,类型选动态文本,字号为18,颜色为绿色,字体为 Times New Raman,消除锯齿下拉框中选"使用设备字体",并选择居中显示。位置设为 $x:342.95$, $y:570.55$,大小设为宽:241,高:30.60,并将动态文本实例名设为 todaydate。

2. 在时间轴的 AS 帧的第2帧按"F6"键,再按"F9"键,输入如下代码:

//创建一个计时器,每1秒更新一次

var systimer:Timer = new Timer(1000);

//为计时器注册侦听函数

systimer.addEventListener(TimerEvent.TIMER,mytime);

//定义计时器侦听函数

function mytime(event:TimerEvent):void

{

//创建新的时间对象

var mydate:Date=new Date();

//动态文本用于显示当前时间

todaydate.text=String(mydate.fullYear)+"年"+String(mydate.month+1)+"月"+String(mydate.date)+"日"+String(mydate.hours)+"时"+String(mydate.minutes)+"分"+String(mydate.seconds)+"秒";

}

//启动计时器

systimer.start();

12.11　教学模块的制作

教学模块的制作只要在时间轴的文字与图片层,以及影片动画层的相应帧输入相应的内容即可。下面以"探索研究"模块中的函数 $y=A\sin x(A>0$ 且 $A\neq 1)$ 的图象这节内容为例,讲解具体制作的步骤。

1. 选中时间轴文字与图片层的探究帧所在的第12帧,用文本工具输入模块名称"探索研究",颜色为红色,字号为32,字体为方正姚体,按"Ctrl+B"将文字打散。在文字外面用矩形工具画一线框颜色为绿、白、绿线性渐变,无填充色的矩形。在下面居中输入"函数 $y=A\sin x(A>0$ 且 $A\neq 1)$ 的图象",颜色为红色,字号为30,中文字体为宋体,英文字体为 Times New Roman。在下面输入"作出函数 $y=4\sin x, x\in R, y=\frac{1}{2}\sin x, x\in R$ 的简图",字号为28,中文字体为宋体,英文字体为 Times New Roman(以下正文格式与此相同)。

2. 选中时间轴文字与图片层的第13帧按"F6"键,删除"探索研究",将下面两行文字上移至合适位置。在下面输入"解:这两个函数的周期都是 2π,我们先作出它们在 $[0,2\pi]$ 上的简图。"

3. 选中时间轴文字与图片层的第 14 帧按"F6"键,输入列表(表格略)(图 12-11)。

图 12-11 探索研究模块运行界面之一

4. 选中时间轴文字与图片层的第 15 帧,按"F6"键,将"解:"后面的文字及表格删除。选中时间轴坐标轴层的第 15 帧,将库面板中制作好的 zbz 影片剪辑拖到舞台中,位置设为 $x:426.35, y:346.05$,选中文字与图片层的第 15 帧,将库面板中制作交流电波影片剪辑时产生的补间 1 元件:一个颜色为绿、黑径向渐变的小球拖到舞台中,一共拖 5 个,放到函数 $y=4\sin x$ 的 5 个关键点上。

5. 选中时间轴影片动画层的第 16 帧,按"F7"键,将库面板中函数 $y=4\sin x$ 的生成动画影片剪辑 $A\sin x$ 图象 1(制作方法同第 6.5 节中实例 5)拖到舞台中,并将其位置设为 $x:462, y:292$。

6. 选中时间轴文字与图片层的第 17 帧,按"F6"键,将库面板中补间 1 小球元件拖 5 个到舞台中,放到函数 $y=\frac{1}{2}\sin x$ 的 5 个关键点上。

7. 选中时间轴影片动画层的第 17 帧,按"F6"键,将库面板中函数 $y=\frac{1}{2}\sin x$ 的生成动画影片剪辑 $A\sin x$ 图象 2 拖到舞台中,并将其位置设为 $x:410.95, y:349$。

8. 选中时间轴文字与图片层的第 18 帧,按"F6"键,将原题目文字改为"观察函数 $y=4\sin x$ 与 $y=\frac{1}{2}\sin x$ 的图象分别与函数 $y=\sin x$ 的图象之间有什么关系?"并将表示图象关键点的小球删除。

9. 选中时间轴影片动画层的第 18 帧,按"F6"键,将库面板中制作好的振幅变换影片剪辑元件(制作方法同第 6.4 节中的实例 4)拖入到舞台中,设置其实例名为 zhenfu_mc,位置设为 $x:426, y:331$。

10. 选中时间轴按钮层的第 18 帧,按"F6"键,选择【窗口】/【公用库】/【按钮】,在弹出的按钮面板中将 gel Right 按钮拖到舞台右下角,并将其实例名设置为 zjmzhenfu_btn。

11. 选中时间轴 AS 层的第 18 帧,按"F7"键插入一空白关键帧,然后按"F9"键,在弹出的代码输入面板中输入下列代码:

zhenfu_mc.visible=false;//振幅变换影片剪辑不可见

sxjl1song.stop();//进入这帧时播放振幅变换结论的声音停止

mcflag=false;//控制影片剪辑播放的变量为假

12. 选中时间轴 AS 层的第 1 帧,按"F9"键,在弹出的代码输入面板中输入下列代码:
//定义振幅变换影片剪辑播放的函数
function zhenfuplay()
{
  if (mcflag == true)
  {
    zhenfu_mc.stop();
    mcflag = ! mcflag;
  }
  else
  {
    zhenfu_mc.play();
    mcflag = ! mcflag;
  }
}

输入上述代码后,再在函数 function getButtonName(evt:MouseEvent)中的"break";与"default:"之间添加下列代码:

case "zjmzhenfu_btn":
  zhenfu_mc.visible = true;
  zhenfuplay();
  break;

通过这样设置,可以由实例名为 zjmzhenfu_btn 的按钮控制振幅变换影片剪辑的播放。

13. 制作打字效果的振幅变换结论的影片剪辑。首先将光盘第 12 章素材文件夹中的声音文件 sxjl1.wav 导入到库,在库面板中选中 sxjl1.wav,并单击鼠标右键,选择属性,在弹出的声音属性对话框的链接栏中,勾选为 ActionScript 导出(x)和在帧 1 中导出,在类输入框中输入 SXJL1SOUND。然后选中时间轴 AS 层的第 1 帧,按"F9"键,输入下列代码:
//新建振幅变换结论声音对象
var sxjl1:SXJL1SOUND=new SXJL1SOUND();
var sxjl1song:SoundChannel=new SoundChannel();

14. 选择【插入】/【新建元件】,类型为"影片剪辑",名称为"sxjl1_mc"。选择文本工具,在工作区拖入一个动态文本框,实例名设为 sxjl_txt,位置为 x:0,y:0,宽为 749,高为 125,字体为黑体,颜色为红色,对齐方式为左对齐,在右边属性面板中"段落"栏下的"行为":下拉框中选择多行。在第 6 帧按"F5"键,使第 1 帧延续到第 6 帧。新建图层 2,在第 1 帧按"F9"

167

键,输入代码:var i:int=0;在第 2 帧先按"F7"键,再按"F9"键,输入下列代码:var text1:String = "。一般地,函数 $y=A\sin x$ 的图象,可以看作是把 $y=\sin x$ 图象上所有点的纵坐标伸长或缩短到原来的 A 倍(横坐标不变)而得到的。$y=A\sin x, x\in \mathbf{R}$ 的值域是 $[-A, A]$,最大值是 A,最小值是 $-A$.";

  var text2:String;
  if (i < text1.length)
  {
    text2 = text1.substr(1,i);
    i++;
  }
在第 6 帧先按"F7"键,再按"F9"键,输入下列代码:
  sxjl_txt.text=text2;
  gotoAndPlay(2);
说明:这里可根据要播放结论声音的长短,选择在不同的帧输入上述代码进行调节,使文字与声音保持同步。

15. 返回场景 1,在时间轴的文字与图片层第 19 帧按"F6"键,将坐标轴上方的文字全部删除,并将库面板中的 sxjl1_mc 影片剪辑拖到舞台中,位置为 x:121.50,y:40.85,实例名设为 sxjl1_mc。

16. 在时间轴 AS 层的第 19 帧按"F7"键,再按"F9"键,输入下列代码:
  sxjl1song =sxjl1.play(0);//播放振幅变换结论的声音
  sxjl1_mc.play();//播放振幅变换结论的文字动画

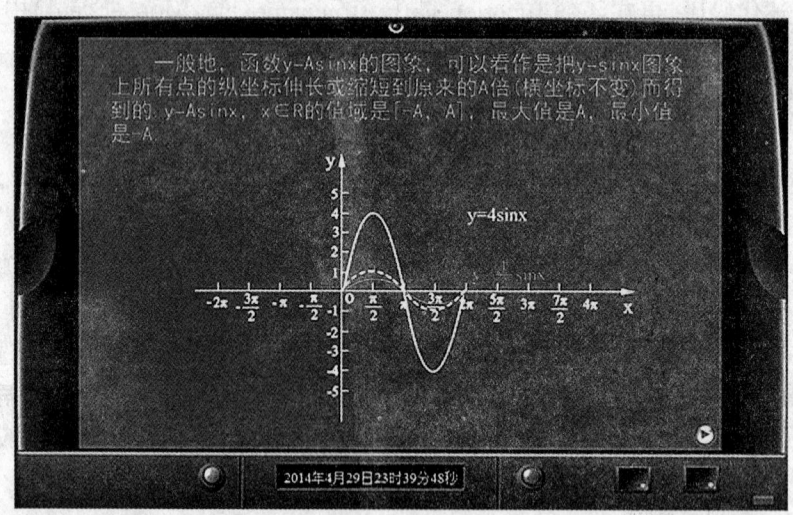

图 12-12 探索研究模块运行界面之二

17. 在时间轴的 AS 层的第 20 帧按"F7"键,再按"F9"键,输入下列代码:
  sxjl1song.stop();//停止播放振幅变换结论的声音

在时间轴的按钮层的第 20 帧按"F6"键,并将右下角的实例名为 zjmzhenfu_btn 的按钮删除。在时间轴的文字图片层的第 20 帧按"F7"键,再输入"函数 $y=\sin \omega x(\omega>0$ 且

$\omega \neq 1$)的图象"等下一节的内容。在时间轴的影片动画层的第 20 帧按"F7"键插入空白关键帧。在时间轴的坐标轴层的第 20 帧按"F7"键插入空白关键帧。至此,函数 $y = A\sin x(A>0 \text{ 且 } A \neq 1)$ 的图象这一节内容的制作全部完成。

12.12 课件片尾的制作

1. 将光盘第 12 章素材文件夹中的位图文件 fj1.jpg,fj2.jpg,fj3.jpg,徽标.jpg,校名.jpg 和声音文件 bye.wav 导入到库,选择【插入】/【新建元件】,类型为"影片剪辑",名称为"片尾 1"。将库面板中的 fj1.jpg 位图元件拖到工作区,位置为 $x:0,y:0$,在图片的右上角输入文字"欢迎使用",字体为新魏碑体,颜色为白色,字号为 28,并按"Ctrl+B"将文字打散。用同样方法新建两个影片剪辑,名称分别为"片尾 2"和"片尾 3",分别将库面板中的 fj2.jpg 位图元件和 fj3.jpg 拖到工作区,位置均为 $x:0,y:0$,在图片的右上角分别输入文字"敬请指导","作者:施永新",字体为新魏碑体,颜色为白色,字号为 28,并按"Ctrl+B"将文字打散。

2. 选择【插入】/【新建元件】,类型为"影片剪辑",名称为"片尾 MC"。在图层 1 的第 5 帧按"F6"键插入关键帧,将库面板中的片尾 1 影片剪辑元件拖到工作区中,位置为 $x:0,y:0$,实例名设为 fj1mc。在第 65 帧按"F5"键插入普通帧。新建图层 2,在第 5 帧按"F6"键再按"F9"键,输入如下代码:

```
import fl.transitions.*;
import fl.transitions.easing.*;
//fj1mc 从左到右出现
TransitionManager.start(fj1mc,{type:Fly,direction:Transition.IN,duration:4,
easing:Strong.easeOut,startPoint:4});
```

3. 新建图层 3,在第 66 帧按"F6"键插入关键帧,将库面板中的片尾 2 影片剪辑元件拖到工作区中,位置为 $x:0,y:0$,实例名设为 fj2mc。在第 125 帧按"F5"键插入普通帧。新建图层 4,在第 66 帧按"F6"键,再按"F9"键,输入下列代码:

```
//fj2mc 从右向左出现
TransitionManager.start(fj2mc,{type:Fly,direction:Transition.IN,duration:4,
easing:Strong.easeOut,startPoint:6});
```

4. 新建图层 5,在第 126 帧按"F6"键插入关键帧,将库面板中的片尾 3 影片剪辑元件拖到工作区中,位置为 $x:0,y:0$,实例名设为 fj3mc。在第 186 帧按"F5"键插入普通帧。新建图层 6,在第 126 帧按"F6"键,再按"F9"键,输入下列代码:

```
//fj3mc 从左向右出现
TransitionManager.start(fj3mc,{type:Fly,direction:Transition.IN,duration:4,
easing:Strong.easeOut,startPoint:4});
```

5. 新建图层 7,选中图层 7 的第 1 帧,将库面板中的声音文件 bye.wav 拖到工作区中。在第 186 帧按"F7"键,再按"F9"键,输入下列代码:

```
stop();
fscommand("quit","true");//退出课件运行
```

6. 返回场景 1,在时间轴的文字图片层的第 57 帧,将库面板中的徽标.jpg 和校名.jpg 拖到舞台中,校名的下方输入"Nan Tong Higher Normal Institute",颜色为白色,字体为 Baskerville Old Face,字号为 27。选中时间轴影片动画层的第 57 帧,将库面板中的片尾 MC 影片剪辑元件拖到舞台中,位置设为 $x:263, y:207$。

12.13 打包成 exe 文件

在 Flash CS 5 中选择【控制】/【测试影片】/【在 Flash Professional 中】,将会在源文件所在的文件夹生成一个同名的 swf 文件,它可以在安装 Adobe Flash player 10 播放器的电脑上播放。若要生成 exe 文件,只需双击"函数 $y = A\sin(\omega x + \varphi)$ 的图象.swf",运行课件后,按"Esc"键退出全屏回到正常模式状态,选择【文件】/【创建播放器】,在弹出的"另存为"对话框中,先在"保存在(I):"下拉框中选择保存文件的路径,再在"文件名(N):"下拉框中输入文件名"函数 $y = A\sin(\omega x + \varphi)$ 的图象",然后单击"保存"按钮即得 exe 文件"函数 $y = A\sin(\omega x + \varphi)$ 的图象.exe"。

至此,整个课件全部制作完成,完整详细的源代码可参考光盘中的。